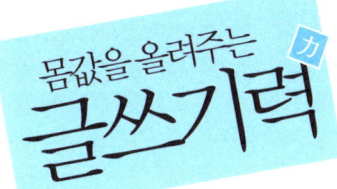

몸값을 올려주는
글쓰기력 力

윤승모 지음

◯ 따뜻한손

머리말

어떤 글이 읽는 이를 사로잡는 것일까?

한 젊은 방송작가에게 이 책의 원고를 보여 준 일이 있다. 읽어 보고 혹 고칠 대목은 없는지 의견을 달라는 부탁과 함께. 그에게서 온 회신은 "원고 내용이 좋다."는 아부와 칭찬이었다. '원고를 제대로 읽어보기는 했는지…' 못 미더워 하는 필자에게 그 작가가 한마디 덧붙인다.

"그런데 책에 이거 하나는 꼭 좀 강조해 주세요. 그래도 시간적인 여유가 있는 대학시절에 글쓰기 공부를 꼭 해 놓아야 한다는 거요. 저도 지금 무척 후회하고 있습니다. 글쓰기 공부를 제대로 했으면 나의 위치가 상당히 달라져 있을 거라는 생각을 많이 해요. 일반 기업에 들어간 친구들도 마찬가지입니다. 기획안이나 보고서를 제대로 쓸 수 있다면 직장생활이 얼마나 편할까 하는 생각을 절실하게 하게 된다고 그러더라고요."

내 생각과 정확하게 일치하는, '쓸모 있는' 말이 그 작가의 입에서 나왔다. 사실이 그렇다. 글쓰기를 제대로 할 줄 알면 사회생활이 꽤 편해진다. 어느 분야에서든 인정을 받게 된다. 글쓰기는 내 몸값을 올려주는 황금의 열쇠라고 해도 과언이 아니다.

여론조사 회사를 경영하는 한 선배로부터 "요즘 젊은이들 왜 그렇게 글쓰기를 못하는지 모르겠어. 여론조사 결과보고서를 제대로 쓰는 직원이 있으면 월급을 배로 줘도 아깝지 않다."라는 말을 들은 적도 있다. 그렇다고 그 선배가 전문적인 글쟁이 수준의 글쓰기를 요구하는 것도 아니다. 여론조사 데이터를 고객의 입장에서 요약하는, 어찌 보면 단순작업을 요구하는 것이다. 좋은 대학, 좋은 학과를 나온 직원들은 많아도 그런 단순한 글쓰기조차 제대로 하는 사람이 없다는 것이 그 선배의 설명이다.

바로 이것이 대한민국의 현실이다. 초중고교에서 대학까지 글쓰기를 제대로 가르치고 배우는 장場은 거의 없다. 결국 글쓰기에 관한한 모두가 하향 평준화돼 있는 실정이다. 미국의 아이비리그와 같은 일류 대학들은 에세이라고 불리는 글쓰기 과목을 일정 학점 이수해야 졸업을 시킨다고 한다. 그들은 자기 대학 졸업생이라면 어느 직장에 가든지 보고서 정도는 무리 없이 쓸 수 있어야 한다는 방침을 갖고 있다. 그러나 한국의 일류 대학 중에서 글쓰기 교육을 제대로 시키는 대학이 있다는 말은 들어보지 못했다.

우리나라에서는 아직도 글쓰기는 대충하면 되는 것이라는 인식이 팽배하다. 글쓰기에 대해 피차 무지한 사람들끼리 보고서를 주고받는 경우가 많다 보니 보고서 내용이나 수준이 시비 거리가 되는 일도 많지 않다. 하지만 좋은 직장으로 갈수록, 고위직으로 올라갈수록, 돈벌이와 직결되는 사안일수록 글쓰기는 힘을 발휘한다. 출세하고 돈을 벌기 위해서라도 글쓰기를 제대로 배울 일이다.

다행스러운 점은, 글쓰기 실력을 배양하는 일이 그리 어렵지 않다는 점이다. 왜? 앞에서도 얘기했지만 우리나라 사람 대부분이 글쓰기를 잘 못하기 때문이다. 그러니 조금만 공부하고 익혀도 상대적으로 글쓰기 실력이 높아 보이지 않겠는가. 결코 농담이 아니다. 이 책에서 말하는 글쓰기가 바로 그런 것이다. 남들보다 '아주 조금'의 우위를 점할 수 있는 글쓰기. 이것이 실제 생활에서 필요한 글쓰기의 요체다. 전문필자 수준의 글쓰기를 공부하자는 것이 아니라는 말이다. 입사시험의 작문, 직장의 보고서 또는 기획서 같은 실용적 글쓰기는 자기 생각과 지식을 남들이 알아보기 쉽게 표현할 수 있으면 충분하다. 화려한 문장을 필요로 하지 않는다. 현학적인 수식어를 동원할 필요도 없다.

이런 실용적 글쓰기를 필자는 '메시지 라이팅'이라고 말하고 싶다. 자신의 메시지를 글로 적는 일이다. 메시지 라이팅은 마케팅 작업이라고도 할 수 있다. 자신을 세일즈하는 작업인 것이다. 어떻게 하면 나(나의 생각 또는 지식)를 효과적으로 세일즈할 수 있을까? 마케팅 전문가들에 따르면, 성공적인 메시지 전달을 위해서는 몇 가지 '메시지 작성법칙'을 지켜야 한다고 한다. 스탠퍼드 대학의 칩 히스 교수는 다음과 같은 6가지 법칙을 들고있다.

단순성 : 가장 단순한 메시지가 가장 강력한 호소력을 발휘한다.

의외성 : 남들이 예상하지 못하는, 의외의 얘기를 들어서 호소하면 메시지 전달이 쉽다.

구체성 : 추상적인 얘기만 나열하면 독자의 흥미를 끌 수 없다.

신뢰성 : 자신에게 불리한 얘기라고 해도 솔직하게 털어놓을 때 메시지가 강력해진다.

감성 : 이론적이고 논리적인 것에만 집착하는 메시지는 호소력이 없다.

스토리 : 재미있는 스토리를 내포한 메시지가 대중에게 잘 전달된다.

이런 '메시지 작성법칙'은 광고나 마케팅에서만 필요한 것이 아니다. 모든 글쓰기에 적용되는 법칙이다. 광고든, 홍보든, 기획안이든, 시험답안이든 모든 글쓰기(메시지 작성)의 기본은 동일하다. 그 메시지를 접하는 오디언스에게 가장 효과적으로 수용될 수 있는 메시지를 만들어야 한다는 것이다. 지루하거나 난삽하면 실패다.

메시지 작성법은 '간단명료하고, 재미도 있어서 오디언스의 시선을 사로잡을 수 있는 메시지를 만드는 기술'이다. 그것이 바로 글쓰기이기도 하다.

글쓰기라고 하면 많은 사람들이 '장중하고 논리적이며 지식이 듬뿍 담긴 글'을 연상하지만, 그것은 잘못된 선입견이요 편견이다. 글쓰기는 자신의 메시지를 타인에게 전하는 수단일 뿐이다. 어떻게 하면 자신의 메시지가 독자에게 가장 효과적으로 전달될 수 있을지를 항상 염두에 두고 써야 한다. 수험생이라면 채점관의 눈길을 사로잡을 수 있는 글을 써야 한다. 상사에게 올리는 보고서는 상사가 좋아할 내용과 스타일에 맞춰서 작성해야 한다.

단, 단순한 메시지 작성과는 달리 글쓰기에서는 주의해야 할 점이 하나 있다. 마케팅 전문가들은 누구나 논리적인 메시지보다는 재미가 있고 감성을 건드리는 메시지가 훨씬 호소력이 있다고 말한다. 이는 글쓰기에서도 마찬가지다. 때로는 감성적 접근 방식도 구사할 줄 알아야 독자의 시선을 사로잡을 수 있다. 하지만 글쓰기에서는 그게 전부가 아니다. 아무리 재미있고 감성적인 메시지라도 논리를 갖출 때만 비로소 글쓰기로 완성된다는 점을 기억해야 한다. 논리의 기본은 어법에 맞게 메시지를 쓰는 것이다. 기본 어법도 틀리는 글쓰기를 어디다 써먹을 수 있겠는가.

불행하게도 한국의 아마추어들이 작성하는 글쓰기는 기본 어법을 결여한 것들이 '대부분'이다. 멀쩡하게 일류대학을 나온 사람들이 쓴 글도 마찬가지다. 공영방송에서도 어법에 맞지 않는 표현, 맞춤법이 틀린 자막이 넘쳐난다. 아마추어와 대중의 세계에서는 어법이 틀려도 눈감아 주고 넘어갈 수 있다. 하지만 프로페셔널의 세계에서는 어법이 틀리면 '기초가 부실한 사람'이라는 지적을 받게 된다.

메시지 라이팅의 기초는 어법이다. 맞춤법에 맞는 단어, 말이 되는 문장, 앞뒤 맥락이 이어지는 글을 쓸 수 있어야 한다. 그것이 바로 '어법에 맞는 메시지 라이팅'을 이 책의 첫 장에 배치한 이유다.

사실 필자는 글재주가 없다. 그렇지만 최소한 어법에는 맞게 써야 한다는 사실은 알고 있다. 또, 미문美文은 못 쓰지만 내 생각을 남에게 무리 없이 전달할 정도의 글은 쓸 수 있다. 보통사람의 글쓰기는 이 정도면 족하다. 그리고 그 정도의 글쓰기는 배우고 익히면 누구나 할 수 있다. 그것은 재능이 아니라 기술이기 때문이다.

필자의 경험으로는 메시지 라이팅은 이론을 달달 외운다고 되는 게 아니다. 중요한 것은 바로 체험이다. 자신이 직접 메시지 라이팅을 해 보고 그것의 잘잘못을 객관적으로 평가받고 하는 가운데 실력이 늘게 된다. 직접 체험하기 어려우면 간접체험이라도 해야 한다. 타인의 메시지 라이팅을 분석하고 평가하는 것도 좋은 체험이 된다. 그런 이유로 이 책은 아마추어들의 실제 메시지 라이팅의 사례를 소개하고, 그것을 평가해 보고 수정해 보는 방식의 구성을 택했다. 실제 글쓰기의 BEFORE(원본)와 AFTER(수정본)를 비교함으로써 글쓰기의 문제점을 드러내고 개선방법을 제시하고자 했다.

> 목차

머리말

어법에 맞는 메시지 라이팅 —13

1. 지식이 아닌, 체험을 전달하는 메시지 라이팅
2. 평가를 통해 발전하는 메시지 라이팅

   〈분석〉 – 주제를 해체해 조각내기

   〈종합〉 – 해체한 조각을 목적에 맞게 쌓아가기

       1) 구성 – 서론은 없어도 된다

           – '폼' 잡지 말고 알맹이만 써라

           – 글이 끝날 때까지 주제를 까먹지 마라

       2) 객관화

       3) 가감

   〈어법〉 – 어법에 맞는 문장 쓰기

       – 문장표현의 핵심은 일치一致

       – 한 문장에는 하나의 내용만

   ■ 잘 쓰기 전략 지식이 없어도 글쓰기를 잘할 수 있다

채점관에게 점수 따는 메시지 라이팅 —63

1. 논리적인 글도 재미있게 쓰기 – 스토리텔링
   - 재미있는 아이디어를 맨 앞에 내세워라
   - 어색한 스토리를 잘못 내세우면 역효과
   - 논리 없이 글 전체를 스토리로 채워도 좋다
   - 예화와 비유를 적절하게 활용하기

2. 논제(論題)의 단어적 의미에 너무 집착하지 마라
   - ■ 잘 쓰기 전략 시작이 반이라면 리드(lead)는 전부다

비즈니스 메시지 라이팅 —129

1. 메시지 페인팅과 메시지 라이팅
   - 네이밍(NAMING)이 필요하다
   - 단순화하라
   - 공감할 수 있는 사례를 들어 쉽게 설명하라
2. 소비자의 NEED를 담는 메시지 라이팅
   - ■ 잘 쓰기 전략 자신만의 관점을 가져라

자신을 세일즈하는 메시지 라이팅 –자기소개서 —161
   - ■ 별첨 글쓰기 실전

      글쓰기 SAG 항목별 평가시트

어법에 맞는
메시지 라이팅

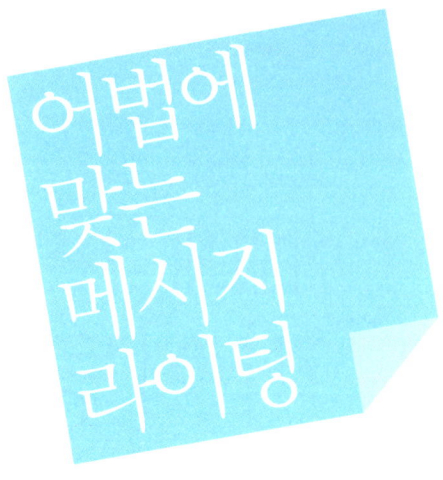

어법에 맞는 메시지 라이팅

거창한 메시지 라이팅을 논하기에 앞서 우선 자신이 어법에 맞게 글쓰기를 하고 있는지부터 점검해 보자. 글을 제법 쓴다고 하는 사람도 마찬가지다. 글을 써 보고, 이를 다른 사람에게 보여 냉정하게 평가를 받아 보라. 아마도 자신의 글에 얼마나 많은 문제점이 있는지 깨닫게 될 것이다. 여기서 말하는 어법은 단순히 맞춤법의 문제만을 말하려 하는 것이 아니다. 논리적으로 완결된 문장을 쓰는지, 단어의 의미를 정확하게 구사하는지, 그 문장이 '말이 되는지' 등을 종합적으로 따져서 한 문장, 한 단락을 제대로 써야 한다는 뜻이다.

여기 하나의 사례를 보자. 다음은 방송 산업에 관해 어느 학생이 쓴 글의 일부분이다.

"바야흐로 방송 산업은 꽃봉우리를 한껏 머금은 채 아름다움을 터뜨릴 때만을 손꼽아 기다리는 절정의 시대가 다가왔다. 이 말인즉슨, 과거엔 방송매체라면 단연코 TV, 라디오가 선두주자였다면 지금은 DMB, 케이블 TV, IPTV라는 뉴미디어들이 등장하면서 때와 장소를 불문하고 열린 방송시대가 도래했다는 것을 의미한다. 불과 몇 년 전까지만 해도 방송3사의 지상파TV만 나오면 장땡이라는 우물 안 개구리였던 우리가 이제는 채널이 무려 100개가 넘는 케이블TV 등장에 우물을 탈출해버린 셈이다."

얼핏 보면 말이 되는 것 같기도 하지만, 자세히 뜯어 보면 문제가 한둘이 아니다. 여러분은 이 글에서 무엇이 문제인지 지적할 수 있는가? 그걸 정확히 지적할 수 있다면 상당한 수준에 있다고 할 수 있다. 불과 세 문장밖에 안되지만 여기서 오류를 찾는다면 10개는 찾을 수 있다.

첫째문장 : ① '꽃봉우리를 한껏 머금은' 이라는 표현은 말이 되지 않는다. '이슬을 머금은 꽃' 이라는 표현은 들어봤어도 꽃봉우리를 머금는다는 것은 들어보지 못한 표현이다. ② '아름다움을 터뜨릴 때' 라는 표현도 어색하다. '꽃봉우리(꽃망울)를 터뜨린다' '아름다움을 뽐낸다' 는 표현은 있지만, 아름다움을 터뜨린다는 표현은 없다. ③ '손꼽아 기

다리는'과 '절정의 시대가 다가왔다'는 것은 논리적으로 모순된다. 손꼽아 기다리는 것은 아직 시기가 다가오지 않았다는 사실을 전제로 한 말인데, 바로 뒤에는 그 시대가 다가왔다고 하니 모순이 아닐 수 없다.

둘째문장 : ④ '과거엔 TV 라디오가 선두주자였다면'이라는 말이 있는 만큼, 그 뒤에는 '지금은 ㅇㅇ가 선두주자'라는 식의 표현으로 대비를 시켜줘야 문장이 자연스럽게 이어지는데 여기서는 그런 대비가 없다. ⑤ '과거엔 TV가 선두주자였다면'이라는 표현은 TV가 지금은 선두주자가 아니라는 사실을 전제로 한 표현이나 여기서 새로운 선두주자인 것처럼 열거한 뉴미디어들 – DMB, 케이블TV, IP-TV도 모두 TV이긴 마찬가지이다. 그래서 논리적인 모순이 생긴다. 과거의 것은 공중파 TV라는 점을 분명히 해줘야 논리적인 모순을 해소할 수 있다. ⑥ '때와 장소를 불문하고 열린 방송의 시대가 도래했다'는 표현의 의미가 정확하지 않다. 내용상으로는 '때와 장소를 불문하고 시청(액세스)할 수 있는 열린 방송'의 시대를 의미하는 것 같은데, 그렇다면 그렇게 써 줘야 한다.

셋째문장은 생략한다. 시간이 있는 사람은 직접 셋째문장의 문제점을 찾아서 지적해 보라. 이것은 결코 사소한 문제가 아니다. 글쓰기에서 어법이 정확하지 않다는 사실은 머릿속의 생각도 정확하게 정리되지 않았음을 의미한다. 생각이 명확하지 않으면 결코 좋은 메시지 라이팅을 할 수 없다.

  자신의 글쓰기에 어떠한 문제가 있는지, 어떻게 개선할 수 있는지를 아는 방법은 간단하다. 우선 글쓰기를 해 보라. 주제는 무엇이든 상관없다. 써 보지도 않고 겁부터 먹을 필요가 없다. 글쓰기는 누구라도 할 수 있는 일이다. 생각이 있고 말을 할 수 있다면 누구나 메시지 라이팅이 가능하다. 글을 썼으면 그것을 남에게 보여서 평가를 받아 보라. 되도록 많은 사람에게 보일수록 좋다.

1. 지식이 아닌, 체험을 전달하는 메시지 라이팅

　아는 것이 없어서 글쓰기를 못하기도 하지만 아는 것이 너무 많아도 글쓰기가 잘 안 되는 것이 초보자들의 문제점이다. 시험에서 예상치 못한 논제를 받았을 때 당황하는 이유는 대개 '아는 것이 없기 때문'이다. 여기서 '아는 것이 없다'는 점을 다시 한 번 생각해 보면 그것이 반드시 지식이 없다는 말과 등치等値하지는 않는다는 점을 깨닫게 된다. 지식이야 있을 수도 있고 없을 수도 있다. 진짜 문제는 그 논제에 대해 생각해 본 적이 없다는 것이다. 아무 생각 없이 멍하니 앉아 있는 사람에게 갑자기 질문을 던지면 대답을 못하는 것과 같다.

　그럼, 생각을 많이 해 본 사안에 대해서는 글을 잘 쓸 수 있을까? 꼭 그렇지도 않다. 평소 생각을 많이 해 본 사안에 대해서도 글을 잘 못 쓰는 경우가 비일비재하다. 예를 들면, 어느 날 백주대낮에 교통사고를 당했는데도 상대방이 오히려 잘못을 덮어씌우려 하는 상황을 당했다고 치

자. 경찰에게 이 상황을 얼마나 요령 있게 잘 설명할 수 있는가? 대개는 화가 나서 말도 제대로 못하거나 횡설수설하기 십상이다. 몸으로 체험한, 너무도 생생한 지식을 갖고 있는 사안도 막상 남에게 전달하려면 쉽지가 않다. 몇 번이고 말을 되풀이하고, 상대로부터 "못 알아듣겠으니 다시 설명해 달라."는 지적을 받고서야 비로소 넘쳤던 생각들이 정리되기 시작한다. '아! 이 대목은 나로서는 정말 열 받는, 중요한 것이지만 듣는 제3자에게는 중요한 것이 아니구나' 하는 깨달음을 얻으면서 불필요한 말을 줄일 수 있게 된다. 경찰이 자꾸 되물으면 그때서야 '아! 나는 그 도로에 우회전 화살표가 있다는 사실을 경찰도 당연히 알고 있을 것으로 여기고 설명을 하지 않았는데, 생각해 보니까 경찰은 그 사실을 몰랐을 수도 있겠구나' 하고 깨닫는다.

글쓰기도 마찬가지다. 자신의 체험과 지식이 아무리 많아도 이를 남에게 전달하는 데는 경찰에게 진술해야 하는 때처럼 요령이 필요하다. 요령을 터득하지 않으면 자신의 생각을 남에게 제대로 전달할 수 없다. 자꾸 질문을 받고 지적을 당하면서 진술이 완성돼 가듯이 글도 많이 써 보고, 남에게 보이고, 지적을 받아 봐야 다듬어진다. 그래야 자신의 생각을 제 3자가 알아볼 수 있게 논리적이고 체계적으로 정리하는 글쓰기가 가능해진다. 이는 다른 말로 하면 자신(혹은 자신의 체험이나 지식)에 대한 객관화 작업이기도 하다. 나를 중심으로, 나의 관점에서 설명하려는 태도를 벗어나서 제3자의 관점에서 객관적으로 기술할 수 있는 요령을 배워야 한다. 그런 요령을 터득하면 갑작스럽게 받은 시험 논제 같은 돌발사건에 대해서도 재빨리, 효율적으로 생각의 틀을 만들고 표현해 가는 일이 가능해진다. 대개 말을 조리 있게 잘 하는 사람들이 갑작스런 상황에서도 조리를 잃지 않는 것과 같은 이치다. 어렵게 생각할 필요가 전혀 없다. 우선 자신의 주변에서 직접 체험한 구체적 사안을 글로 써 보자. 자본주의·시장경제·민족주의·인간소외 같은 추상적 개념에 관한 글쓰기는 그 다음에 연습해도 된다. 직접 체험한 구체적 사실, 그래서 생각과 지식이 넘치는 사안도 제대로 남에게 전달하지 못하는 사람이 추상적인 내용을 어떻게 제대로 전달하겠는가.

글쓰기는 사실(혹은 생각)을 분석하고 종합하는 과정이다. 어떤 사실(생각)을 100% 그대로 남에게 전달하는 일은 불가능하다. 어차피 주관적일 수밖에 없다. 그래서 똑같은 사건이라도 그것을 전달하는 사람에 따라 사건 내용이 조금씩 다르게 서술된다. 사진이나 영화도 마찬가지다. 영화도 카메라 각을 어떻게 설정하느냐, 아침에 촬영하느냐 저녁에 촬영하느냐, 포커스를 어디에 맞추느냐에 따라 이미지가 크게 바뀌게 된다.

어떤 사안을 남에게 전달하기 위해서는 우선 그 사안을 분석해야 한다. 여기서 분석(Analysis)이란 그 사안을 잘게 쪼개는 것이다. 시간별로 쪼개든지, 인물별로 쪼개든지, 테마별로 쪼개든지, 일단은 사안을 해체해서 조각으로 만들어야 한다. 교통사고가 일어난 시간과 장소, 사고 당시 가해 차량과 피해 차량의 위치, 신호등의 색깔, 사고 순간 취한 1차 조치, 자신이 아는 관련 교통법규, 목격자 유무 등을 하나하나 구체적으로 분석한다.

  그 다음에 이를 종합(Synthesis)해야 한다. 쪼개진 사안을 체계적, 논리적으로 재구성하는 작업을 말한다. 종합은 글쓰는 이가 각자의 방식으로 하게 되는데, 종합하는 방식이 서툴면 상대방이 이해하지 못한다. 종합하는 내용이 길게 늘어지면 상대방은 다 듣지 않고 짜증을 낸다. 그래서 최대한 간결하고 명료하게 종합하는 요령을 터득해야 한다. 종합은 또 목적에 맞게 해야 한다. 내가 교통사고의 피해자임을 밝히기 위한 목적이라면 그 목적에 맞춰서 내가 피해자임을 증명할 수 있는 분석 조각들을 차곡차곡 쌓아 가면 된다. 교수나 직장 상사에게 제출하는 보고서(Report)라면 주어진 논제를 설명하는 데 유용하다고 생각되는 자료 조각들을 논제에 맞춰 착착 맞춰 가면 된다. 목적에 합치되지 않는 것은 과감하게 빼 버릴 줄 알아야 한다. 수집한 지식 조각이 아까워 붙들고 있으면 죽도 밥도 아닌 글이 되기 십상이다. 또, 목적의식이 지나치면 상대방에게 신뢰를 잃는다. 그러므로 자신의 목적의식을 관철하되 최대한 객관적으로 보이도록 포장하는 요령이 필요하다. 글쓰기를 연습하면 자신의 생각을 객관화하는 능력이 길러진다. 세간의 화제에 오르는 좋은 글은 예외 없이 자신의 주장을 객관적인 사실로 뒷받침하는 방식으로 쓰여졌다. 객관화는 글의 호소력을 증폭시키는 가장 강력한 무기임을 잊지 말자!

　이제 자신의 체험을 바탕으로 한 짧은 글쓰기를 해 보면서 이런 것들을 하나하나 배워 가면 된다. 그리고 그 글을 다른 사람에게 보여서 평가를 받아 보라. 평가는 글쓰기 대상이 되는 사안에 대한 분석이 제대로 됐는지(분석)를 점검한 뒤 그것을 종합해 나가는 과정에서 글을 쓰는 목적에 맞춰 전체 얼개를 합당하게 짰는지(구성), 제3자의 입장에서 봤을 때 알아보기 쉽고 설득력 있게 썼는지(객관화), 불필요한 조각은 빼고 필요한 조각은 넣는 취사선택을 제대로 했는지(가감), 맞춤법은 제대로 썼으며 문장표현은 적확한지(어법)의 5개 부문으로 나눠 각각 점수를 매기는 방법으로 진행할 수 있다.

　다음의 사례는 대학생과 일반인들에게 신문에 독자투고 한다는 생각으로 자신의 주변에서 일어난 일을 써 보라고 한 것이다. 신문의 독자투고는 일반적으로 400자 이내의 짧은 글이다.

 사례1-b e f o r e

"개설 강좌를 늘려 달라"

　전공 수강신청을 하는 날이었다. 10시가 되면 일제히 전교생이 수강신청 사이트에 접속을 하게 되어 있다. 나도 그날 10시가 되자마자 접속을 했다. 내가 수강하기로 한 과목들을 찾아 클릭하려는 순간 빨간불 즉, 수강인원이 다 찼다는 표시가 들어왔다.

　그 과목은 제가 경영학 전공을 이수하기 위한 필수과목이였다. 저에게도 꼭 필요한 과목이듯이 다른 사람들에게도 꼭 필요한 과목이였던 것이다.

　문제의 핵심은 여기에 있다. 수강신청을 하자마자 빨간 불이 들어왔다는 것은 그 과목의 수요가 엄청나다는 것이다. 이 과목뿐만 아니라 경영학 과목 전체가 빨간 불이였다. 수강신청 1분 만에 수강인원이 꽉 찼다는 것은 학생의 수요는 엄청난데 비해 개설된 과목 수는 많이 적다는 의미다.

　우리학교 경영학을 공부하는 사람들은 복수 전공을 포함해 다수를 차지하고 있다. 그에 반해 개설된 과목들의 숫자나 다양성은 너무나 부족한 실정이다. 학생의 기본 권리는 배움에 있다고 생각한다.

그런데 이 기본적인 권리조차 지켜지지 않는 현실이다.

학생들을 위해, 한 과목당 교·강사의 숫자를 늘려 개설된 강의수를 늘려야 한다. 또한 경영학을 다양한 각도에서 접할 수 있게 강의의 스펙트럼도 갖추어야 할 것이다.

학생들을 위하는 길은, 학생들에 대한 복지는 다른 곳에 있는 것이 아니다. 이런 기본적인 배움의 권리를 충족시켜주는 것이 진정한 학생을 위한 것이다.

 사례1 - 코 멘 트

전체적으로 무슨 말을 하고자 하는지는 알겠습니다. 그러나 표현방법이 다소 미숙하고 총 분량이 724자로 많은 편입니다. 보다 간결하게 요약 정리하는 연습이 필요합니다.

우선 지적할 점은 맞춤법에 문제가 있다는 것입니다. '날이였다' '과목이였다'에서 '였'은 '었'으로 바꿔야 합니다. '이었다'를 줄인 형태가 '였다'입니다.

'많이 적다'는 표현은 아무래도 이상하죠. 적다를 강조하려는 것인데 그 반대의 의미를 가진 부사를 나란히 쓰는 게 부자연스럽습니다. '너무 적다'라고 하면 되겠죠. '한 과목당 교·강사의 숫자를 눌려 개설된 강의수를 늘려야' 하는 것도 부자연스럽습니다. 인기 과목에 대해서는 강좌수를 늘려달라는 얘기인데, 그렇다면 '수강인원이 많은 과목은 강좌수를 늘려 학생들의 수요를 충족시켜줘야 한다'는 정도로 쓰면 되지 않을까 합니다. '강의의 스펙트럼'을 갖춰달라는 것도 마찬가지입니다. '경영학을 다양한 각도에서 접할 수 있도록 과목의 종류와 분야도 넓혀야 한다'고 표현하면 의미가 보다 명확해질 것입니다. 이 글로 보건대, 수강신청자가 많은 일부 인기 과목은 조기에 수강신청이 마감되는 바람에 강의를 듣고 싶어도 못 듣는 일이 매 학기마다 되풀이되는 듯이 보입니다. 이에 관해 이 글의 필자에게 보충 설명을 듣고 다음과 같이 수정해 봤습니다.

 사례1-after

　경영학 전공필수 과목을 수강하려고 수강신청 개시 시간에 맞춰 사이트에 접속했으나 단 1분 만에 신청이 마감되는 바람에 수강신청을 못했다. 수강인원이 폭주했던 것이다.
　수요는 많은데 강좌수가 적어 수강하고 싶어도 하지 못하는 이런 일이 매 학기 초마다 되풀이되고 있다. 내가 들으려 했던 과목도 전통적으로 수강 희망자가 많아서 인원 초과 사태가 충분히 예상됐다. 당연히 학교 당국은 해당 과목의 강좌수를 늘려야 했다. 학생이 수강하고 싶은 강의도 못 듣게 하는 것은 배움의 권리를 심각하게 침해하는 처사가 아닐 수 없다.

학교 당국은 학생들의 기본적인 배움의 권리를 충족시키도록 강좌수도 늘리고 개설 과목의 종류와 분야도 다양화하는 노력을 해야 한다.

▪▪▪ 평가

　before와 after를 비교하니 무슨 생각이 듭니까? 여러분이 이런 일을 당해 글을 썼다면 before에 가까운 글을 썼을까요, after에 가까운 글을 썼을까요? before에서 가장 큰 문제는 객관화가 안 됐다는 것입니다. '수강신청이 1분 만에 마감되는 바람에 나는 수강신청을 하지 못했다. 이것은 학생의 배움의 권리를 침해한 것 아니냐'는 얘기를 하는데 많은 분량을 할애하고 있습니다. 일종의 개인적 화풀이를 하고 있는 것이죠. 개인의 문제에 집착하면 글의 설득력이 떨어집니다. 쓰고자 하는 주제가 자신에게만 해당되는 문제가 아니라 많은 사람들이 겪는 문제, 제도적인 문제라는 점을 강조하는 방식으로 다수의 공감을 이끌어 내야 합니다.

　수강신청을 하고 싶어도 하지 못하는 사태가 매번 되풀이되고 있다는 '한 줄'을 첨가함으로써 글이 보다 객관화된다는 사실을 알 수 있습니다.

1. 분 석 ： D (대상을 자기중심으로 축소시켜 전체적인 사안에 대한 분석이 소홀함)
2. 구 성 ： B (글의 목적이 분명하고, 그에 맞게 글의 얼개를 짰음)

3. 객관화 : F (자신의 주장이 보편타당함을 증명할 사례를 적절하게 인용하지 못함)
4. 가 감 : D (자신의 경험 부분을 지나치게 많이 나열함)
5. 어 법 : F (맞춤법에 문제가 있음)

 사례2-b e f o r e

"지하철 중국어 안내 방송 지명 발음에 문제 있다"

지하철 1호선 서울역 ~ 용산역 구간을 지날 때면 특이한 안내방송을 들을 수 있다. 다른 역들과 달리 서울역과 용산역에 도착할 무렵에는 일본어와 중국어 안내방송이 나오기 때문이다. 그런데 중국어 안내방송을 듣다보면 역명을 알리는 부분이 어색한 것을 알게 되었다. 서울역의 경우 서울을 포기할 수 있는 한자어가 없어 '首爾'이라는 단어를 넣어 '셔우얼'이라고 읽는다. 최대한 서울이란 발음에 가깝게 하기 위한 것이다.

용산의 경우는 조금 다르다. 우리는 '龍山'을 용산이라고 말하지만 지하철에서는 '룽산'이라고 안내한다. 중국은 '龍'을 '룽'으로 발음하기 때문이다. 언뜻 보면 중국인에게 편리한 안내라고 할 수 있지만 이들이 한국인에게 도움을 요청할 때 어려움이 생길 수 있다. 또한 외국인 안내에 있어 근본적인 결함이 될 수 있는 사안이다.

만약 용산역으로 가야할 중국인 관광객이 "룽산역으로 가는 길은 어디입니꺄"라고 묻는다면 듣는 사람은 크게 당황할 수밖에 없다. 한국에 용산역은 있어도 룽산역은 없기 때문이다. 우리가 베이징역을 찾을 때 중국인에게 베이징역이 아닌 북경역을 찾는다면 이해하지 못하는 이치와 같다. 용산의 영어 발음 또한 'yongsan'으로 우리 발음과 비슷하다. 룽산이 용산과 비슷하기 때문에 큰 문제가 없다는 의견도 있다. 하지만 봉천奉天을 펑텐으로 안내할 경우 중국인과 한국인 사이에 혼란만 가중될 것이다. 이러한 오해를 막고, 우리 고장을 세계에 제대로 알리기 위해서라도 각 지역의 발음은 한국어로 하는 것이 옳다고 생각한다.

 **사례2** - 코 멘 트

　　무슨 뜻인지 알겠습니까? 한국 지명의 중국어 발음에 관한 문제를 제기하는 글인데, 사안이 간단한 것 같지만 실제 이를 제3자에게 설명하려면 이처럼 복잡해집니다. 이 문제를 정확하게 설명하려면 중국어 발음도 알아야 하고, 서울을 首爾로 표기하게 된 배경도 알아야 합니다. 따라서 먼저 자기가 쓰고 싶은 사안에 대한 분석을 제대로 해야 합니다.

　　서울특별시 용산구의 '龍山'은 한자이고, 그 우리말 발음은 용산입니다. 하지만 그 한자의 중국어 발음은 '롱샨'입니다.

서울은 한자가 없는 고유 한국어입니다. 그걸 중국 사람들이 한성(漢城·중국 발음으로는 한청)이라고 표기했는데, 우리가 중국의 북경(北京)을 우리식으로 '북경'으로 하지 않고 중국 현지 발음을 좇아 '베이징'이라고 표기하듯이 중국도 서울을 한국 발음에 가깝게 표기해 줘야 할 것 아니냐고 해서 서울시가 고안해 낸 서울의 중국어 표기가 바로 '首爾'입니다. 이를 우리 발음으로 읽으면 '수이'이지만 중국 발음으로 읽으면 '셔우얼'이 된다고 합니다. '셔우얼'이 그래도 서울이라는 발음에 가깝게 표기할 수 있는 한자라고 합니다. 이 글의 필자는 이런 배경은 알고 있는 듯합니다만 이를 글로 표현하다 보니 여기저기서 엉키게 된 듯싶습니다.

필자는 '봉천을 펑텐으로 안내할 경우' 혼란이 더 가중된다고 했는데 이것은 아마도 서울특별시 관악구 봉천동과 중국 펑텐(선양·瀋陽의 옛 이름)의 한자가 '奉天'으로 같다는 사실을 염두에 두고 쓴 듯합니다. 봉천의 한자표기 奉天을 중국식으로 읽으면 펑텐이 됩니다. 중국인들이 한국에서 '펑텐'이라는 지명을 들으면 봉천동을 연상하지 않고 '왜 서울에 중국지명 펑텐이 있나'라는 생각을 할 것 아니냐는 지적인 것이죠. 사실 한국의 지명 중에는 중국에도 똑같은 한자의 지명이 있는 경우가 적지 않기 때문에 발음에 따른 혼란이 생길 수 있습니다. 그렇긴 하지만 보통의 독자들은 필자가 쓴 한 줄만 갖고는 그 배경을 이해하기 힘들 것입니다. 제3자의 입장에서 글을 쓰는 객관화가 부족하다는 얘기입니다.

'yongsan'은 용산의 영어식 표기일 뿐, 영어 발음은 아닙니다. 이런 표기를 보고 미국인이나 영국인이 한국발음 그대로 '용산'으로 읽는다는 보장은 없습니다. 다만 그렇게 표기하면 그래도 용산에 가깝게 읽지 않겠느냐는 기대를 할 뿐이죠. 어쨌든 이 대목은 이 글의 논지 전개에 불필요하고 오히려 혼란만 줍니다.

 사례2-after

　서울 지하철 1호선을 타면 서울역과 용산역에서는 역 도착을 알리는 외국어 안내 방송 중에 중국어도 나온다. 중국어 방송에선 서울역의 역명이 '셔우얼' 로 들린다. 셔우얼首爾은 '서울' 을 한국 발음에 가깝게 표기하기 위해 만든 말이다. 그러나 용산역에서는 龍山을 용산이라고 한국식으로 발음하지 않고 '룽샨' 이라고 중국식으로 발음한다.
　이렇게 한국의 한자 지명을 중국발음으로 안내하는 것은 문제가 있다. 중국인 관광객이 길거리에서 한국인에게 '룽샨' '룽샨' 하면서 길을 묻는다면 한국인이 이를 알아듣고 길안내를 해 줄 수 있겠는가. 용산도 서울처럼 한국식 발음으로 안내해야 혼란이 생기지 않는다. 더구나 한국에는 중국과 같은 한자의 지명이 많다. 서울 관악구 봉천奉天동을 '봉천' 이라고 하지 않고 중국식으로 '펑톈' 이라고 하면 많은 중국인은 동일 한자 지명인 중국 만주의 펑톈을 연상할 것이다. 이런 오해를 막고 우리 지명을 세계에 제대로 알리기 위해서라도 한국 지명은 한국발음으로 안내하는 게 옳다고 생각한다.

■■■ 평가

　after를 보면 글의 전체 분량은 짧아졌지만 봉천과 펑텐에 관해서는 설명이 오히려 늘었습니다. 현행 방식의 중국어 안내방송에 문제가 있다는 사실을 최대한 부각시켜야 글의 설득력이 높아지기 때문에 그렇게 한 것입니다. 奉天의 사례는 그렇게 할 수 있는 좋은 소재입니다. 그 소재를 알고 있으면서도 제대로 표현을 못했으니, 가감이 부적절했다고 할 수 있습니다.

1. 분 석 : B (전체 분석은 무난하나 단어의 개념 등을 정교하게 분석하지는 못했음)
2. 구 성 : B (글의 목적이 분명하고, 그에 맞게 글의 구조를 짰음)
3. 객관화 : D (자신은 알지만 다른 사람은 알기 힘든 문장이 많음)
4. 가 감 : D (yongsan은 불필요한 부분이고, 봉천에 관한 설명은 부족함)
5. 어 법 : C (문장 표현을 좀 더 다듬어야 함)

사례3-before

"커닝이 당연시 되는 한국의 대학 풍토는 근절돼야 한다"

국내의 명문 사립대 대학원 과정에 다니는 미국인 친구가 얼마 전 중간고사를 치른 뒤 고민을 털어놓았다. 시험을 잘 봤느냐고 했더니 표정이 좋지 않았다. 많은 한국 학생들이 시험시간에 부정행위를 한다는 것이었다. 조교가 시험감독으로 들어왔지만 자리에 앉아 신문만 읽고 있어 학생들은 몰래몰래 책을 펴보거나 쪽지에 적은 힌트를 훔쳐보면서 시험을 치렀다고 했다. 한국의 시험문화에 놀랐다는 그의 말에 얼굴이 화끈거렸다. 한국에서 손꼽히는 명문 대학에서 대학생도 아닌 대학원생들이 광범위하게 부정행위를 저지를 수 있는지 이해할 수 없다고 했다.

그는 이어 출제와 평가 부분을 언급하면서 고개를 저었다. 어떻게 시험을 본 상당수가 A를 받으며, 예전에 출제된 시험문제가 거의 그대로 출제될 수 있는지 납득하기 어렵다는 것이었다. 한국 대학에 이미 실망한 그 친구에게 한국에서 제일 좋은 대학도 세계 100위 안에 들어가지 못한다는 사실을 차마 꺼낼 수 없었다. 그는 앞으로 다시는 손해를 보지 않겠다고 말했다. 무슨 뜻이냐고 했더니 솔직히 하고는 싶지 않지만 다음번 기말고사에서는 자신도 남들처럼 부정행위를 해야 할 것 같다는 것이었다. "정직하면 손해 본다"는 말이 현실감 있게 다가온 우울한 하루였다.

 사례3-코 멘 트

한국 대학의 전반적인 문제(시험 부정행위, 적당주의 평가)를 지적하면서도 정작 결론은 '정직하면 손해 본다'는 데 국한됐습니다. '정직하면 손해 본다'는 얘기를 쓰고 싶으면 그것만 써야 합니다. 적당히 출제하고 적당히 A학점 준다는 문제 제기는 차라리 빼버리는 편이 낫습니다. 그것이 아까워서 굳이 써야겠다면 아예 논지를 바꿔서 대학사회 전체가 비양심과 적당주의에 물들어 있다고 비판하는 글을 써야 할 것입니다. 글은 주제를 좁힐수록 설득력이 높아집니다. 이것저것 다 중요한 것 같다고 해서 마구잡이로 나열하면 논지가 흐트러지고 글이 용두사미로 흐르게 됩니다.

 사례3-after 1 (정직의 문제에 초점을 맞춰)

국내 명문 사립대 대학원에 다니는 미국인 친구가 얼마 전 학교시험을 치르면서 한국 학생들이 부정행위를 하는 모습을 보고 놀랐다고 했다. 시험 감독이 있었지만 자리에 앉아 신문만 읽고 있고 학생들은 책을 펴보거나 '커닝 페이퍼'를 훔쳐보더라는 것이다. 그 친구는 손꼽히는 명문대이고, 대학생도 아닌 대학원생들인데 그처럼 광범위하게 부정행위를 저지를 수 있는지 이해할 수 없다며 "한국 대학생은 모두가 그러느냐?"고 묻는데 얼굴이 화끈거려 대답을 하지 못했다. 그는 다음부터는 자신도 남들처럼 부정행위를 해야 할 것 같다고 했다. 손해 볼 수 없다는 이유에서였다. '정직하면 손해 본다'는 말이 현실감 있게 다가왔다. 대학 당국은 시험 부정행위에 대한 무감각증이 이처럼 정직한 사람까지 타락시키는 도덕적 폐해를 낳고 있다는 점을 인식하고 더 이상 부정행위가 용납되지 않도록 강력한 대책을 강구해야 한다.

 사례3-after 2 (대학의 질 문제에 초점을 맞춰)

국내 명문 사립대 대학원에 다니는 미국인 친구가 얼마 전 학교 시험을 치르면서 많은 한국 학생들이 책을 펴보거나 '커닝 페이퍼'를 훔쳐보며 부정행위를 하는 모습을 보고 놀랐다고 했다. 그 친구가 "한국 대학생은 모두가 그러느냐?" "손해 보지 않으려면 다음부터는 나도 부정행위를 해야 할 것 같다."고 하는데 얼굴이 화끈거려서 아무 말도 하지 못했다.

더 심각한 문제는 시험 감독으로 들어온 학과 조교가 마치 부정행위를 해도 된다는 듯이 자리에 앉아 신문만 보더라는 것이다. 시험 문제는 예전에 출제됐던 것이 거의 그대로 출제되기 일쑤이고, 시험을 본 상당수가 A학점을 받더라는 말도 했다. 학생뿐 아니라 교수도 양심적이지 못하고 적당주의로 일관하고 있다는 지적이었다.

대부분의 다른 대학들도 비슷하다고 들었다. 노력보다 요령을 조장하는 풍조에서 누가 열심히 공부하려 하겠는가. 한국에서 제일 좋은 대학도 세계 100위 안에 들어가지 못하는 데는 이런 비양심과 적당주의가 크게 작용하고 있다고 생각한다. 한국 대학이 한 단계 도약하기 위해서는 냉철한 자기성찰이 있어야 한다.

■■■ 평가

글쓰기는 결코 책을 쓰는 것이 아닙니다. 들은 것 또는 모은 자료가 아무리 많아도 쓸 수 있는 분량은 한계가 있습니다. 더욱이 독자투고처럼 짧은 글을 쓸 때는 아쉽고 아까워도 한 가지 주제로 국한해서 쓰도록 해야 합니다. 그래야 버릴 것은 버리고 살릴 것은 살리는 글쓰기가 가능해집니다.

1. 분 석 : B (도덕성 문제는 잘게 쪼갰으나 '세계 100대 대학' 문제 등은 분석이 부족함)
2. 구 성 : D (글의 목적이 정확하지 않은 관계로 도덕성과 대학의 질 문제가 뒤섞임)
3. 객관화 : B (비교적 남이 알아듣기 쉽게 상황을 설명했음)
4. 가 감 : D (너무 많은 내용을 담으려고 했음)
5. 어 법 : B (문장 표현은 비교적 무난함)

 사례4-before

"길거리 모금, 진짜 불우이웃돕기를 위한 것인가"

서울 강남역 근처에 모임이 있어 간적이 있다. 약속 장소에서 친구들을 기다렸는데 기다리는 15분 동안 거리 모금하러 다니는 사람들을 무려 5명이상 만나서 거절 하느라 아주 괴로웠던 적이 있다. 특히 연말연시에 번화가나 터미널 등 사람이 많이 모이는 곳에서 모금을 많이 하는 걸로 알고 있는데 이분들의 정체가 의심스럽고 정말 순수한 의도로 모금을 하는지 의문이다.

대부분 자신이 장애인이라고 쓰여진 모금함을 들고 다니며 모금행위를 하는데 번화가뿐만 아니라 지하철이나 음식점에서도 이런 분들을 쉽게 볼 수가 있다. 모금함에 돈을 넣는 사람들이야 대수롭지 않게 500원 혹은 1,000원 정도를 모금함에 넣지만 이렇게 모이는 돈은 우리가 상상하는 이상일 것이며 이런 이유로 이런 불법모금이 더욱 늘어나는 것으로 보인다. 정식적인 절차로 합법적인 모금행위는 기쁜 마음으로 참여하겠지만 연말의 들뜬 분위기를 이용해서 서민들의 호주머니를 노리는 불법 거리모금의 난립에 대해서 단속이 있어야 할 것으로 보며 시민들 또한 확인되지 않은 이들 단체와 이들에 대해 돈을 주는 일은 없어야 할 것으로 본다.

 사례4-코멘트

　주장하는 요지, 문제의식이 분명하고 좋습니다. 사실 길거리에서 불우이웃 돕기를 외치며 모금함을 들고 다니는 사람들을 보면 '도대체 진짜 정체가 무엇인가' '사기 치는 것은 아닌가' 라는 등의 의심이 들 때가 적지 않습니다. 바로 그런 상황을 지적하는 글입니다. 우리가 일상에서 흔히 부닥치는 문제에 대해 그냥 지나치지 말고 이처럼 문제의식을 갖고 생각해 보는 습관을 들이면 글쓰기에도, 공부에도 도움이 됩니다. 신문을 읽으면서도 '아 이런 문제가 있었나' '어 이건 처음 보는 얘기인데' 라는 생각이 드는 대목이 나오면 그냥 지나치지 말고 관련 정보를 추가로 찾아 보면서 생각을 정리해 두면 언젠가는 사용할 기회가 있습니다.

　이 글의 문장표현은 아직 미숙합니다. '모금함에 돈을 넣는 사람들'과 '1,000원 정도를 모금함에 넣지만' 이란 중첩된 표현이 한 문장에 나옵니다. 또, '정식적인 절차로 합법적인 모금행위는' 이란 표현은 어법에 맞지 않습니다. '정식 절차를 밟아서 하는 합법 모금행위는' 으로 고쳐야 합니다. '쓰여진'은 '쓰인' 또는 '써진' 이라고 해야 합니다. '쓰다'를 피동의 형태로 만들면 '쓰이다' 또는 '써지다'가 됩니다. 그러므로 '쓰여진'은 피동형이 중첩된 표현으로 맞춤법에 어긋납니다.

사례4-ａｆｔｅｒ 1 (정직의 문제에 초점을 맞춰)

　서울 강남역 근처 거리에서 친구들을 기다리며 15분 정도 서 있는 동안 '불우이웃돕기' 등의 명목으로 모금하러 다니는 사람들을 5명이나 만났다. 연말연시라 특히 번화가나 지하철 음식점에서 이런 식으로 동정을 강요하는 사람들을 많이 볼 수 있다. 그들 대부분은 장애인을 자처하는데 과연 진짜 장애인인지도 알 수 없거니와 정말 순수한 의도로 모금을 하는지, 착복하려는 것인지도 분명치 않다. 사람들이 그들의 모금함에 넣는 돈은 1,000원 안팎에 불과하지만 그것도 쌓이면 큰돈이 될 것이다. 선의를 악용하려는 사람들에게는 길거리 모금이 쉽게 큰돈을 벌 수 있는 수단이 된다는 얘기다. 불우이웃돕기는 제도적이고 공개적인 방식으로 진행해야지 정체도 알 수 없는 길거리 모금은 곤란하다. 무분별한 길거리 모금에 대한 단속과 함께 이에 응하지 않도록 시민들을 계도하는 조치도 필요하다고 본다.

■■■ 평가

1. 분 석 　: B (각각의 개념과 사실에 대한 명확한 구분이 다소 부족함)

2. 구 성 : A (글의 목적을 향해 논지를 이어가는 구성이 비교적 좋음)
3. 객관화 : B (비교적 알아듣기 쉽게 상황을 설명했음)
4. 가 감 : B (비교적 적절함)
5. 어 법 : D (문장 표현이 어색한 부분이 많음)

 사례5-before

"심야 노래방 청소년 출입금지 규정이 유명무실하다"

　노래방에 간다던 동생이 11시가 다 되서 돌아온 적이 있었다. 동생의 말에 의하면 주인 아저씨가 10시가 넘어도 살짝 눈감아준다는 것이다. 원래 오후 10시 이후에는 오락실, PC방 등 모든 유흥업소의 청소년 출입이 제한되는 것이 법이다. 출입문에는 커다랗게 '밤 10시 이후 19세 미만의 청소년들의 출입이 제한됩니다' 라고 쓰여 있지만 오후 10시가 되어도 PC방, 오락실 등의 유흥업소에서는 청소년의 출입을 몰래 허가하고 있는 곳이 많아졌다.

　경제가 어려워진 이유도 한 몫을 하고 있다. 가뜩이나 경제가 어려워 돈벌이가 안 되는 마당에 그나마 주고객인 청소년들을 오후 10시 이후에 내보내기 아쉬워 청소년들의 출입을 쉬쉬하는 것 같다. 물론 돈벌이가 어려워 문을 닫게 되는 많은 업소들을 보면 참 안타깝지만 밤늦게까지 유흥업소를 다니는 청소년을 보호하는 차원에서 청소년법은 조금 더 강화되어야 하지 않을까.

 사례5-코 멘 트

　첫 문장의 '11시'는 낮인지 밤인지를 써 주는 게 좋습니다. 뒤에 가면 그것이 밤 11시를 뜻한다는 사실을 알게 되지만 독자가 잠시라도 혼동하지 않도록 처음부터 써주는 게 친절합니다. 오락실이나 PC방을 '유흥업소'라고 했는데, 통상 오락실 등을 유흥업소라고 하지는 않습니다. 유흥업소라면 술집을 가리키는데, 그런 곳은 청소년 출입이 원천적으로 금지돼 있습니다. 개념을 혼동하면 곤란합니다. 또, 필자의 동생이 19세 이하 청소년이었다는 사실도 적어주어야 합니다. 필자는 동생의 나이를 알지만 독자는 모르기 때문입니다.

　'청소년법은 조금 더 강화돼야'라고 결론을 낸 것은 잘못입니다. 우선, '청소년법'이라는 법률은 없습니다. 특정 법률 명칭이 아니라 청소년과 관련되는 법률을 일반적으로 지칭하려면 '청소년(보호) 관련법'이라고 해야 맞습니다. 이 글로 보건대, '밤 10시 이후 청소년의 오락실 등 출입금지'라는 규정 자체가 청소년 관련법에 의해 만들어진 것이라고 생각됩니다. 법적 근거도 없이 민간업자들의 영업시간을 제한할 수는 없을 테니까요. 그러므로 문제는 법규가 약한 게 아니라 법규에 따른 단속이 제대로 이뤄지지 않은 데서 비롯되고 있습니다. 따라서 법을 강화하라고 주장할 게 아니라 법 규정을 엄하게 적용하고 단속을 제대로 하라고 결론을 써야겠죠.

'11시가 다 되서'에서 '되서'는 맞춤법이 틀렸습니다. '되서'는 대표적으로 가장 많이 틀리는 말 중의 하나입니다. 그것은 일반인뿐만 아니라 신문 방송도 마찬가지입니다. 신문사 인터넷 사이트의 기사 제목이나 방송 자막에 버젓이 '~되서'라는 말이 나오는 것을 흔히 보게 됩니다.

'되서'에 대해 이제 확실히 배워두고 갑시다. '되서'라고 할 때 그 동사의 원형은 '되다'입니다. '되다'를 부사형으로 할 때 '되어' 혹은 '되어서'라는 표현이 나옵니다. '되어'의 줄임말이 '돼'이고 '되어서'의 줄임말이 '돼서' 입니다. '되서'라는 말은 있을 수가 없는 것이죠. 거꾸로 '~되고'라고 써야 할 것을 '돼고'라고 쓰는 경우도 많습니다. 앞에서 본대로 '돼'는 '되어'의 준말 입니다. '~되어고'라는 말은 없죠. 그러니 '돼고'라는 말도 있을 수 없습니다. '되다'와 관련한 이 같은 맞춤법은 '하다'에 적용하면 좀 더 외우기 쉽습니다. '하여'의 준말은 '해', 하여서의 준말은 '해서'이듯이 '되어'와 '되어서'의 준말은 각각 '돼' '돼서'입니다. '나는 공부하고 있다'라고 하지 '공부하여고(해고) 있다'라고 하지 않듯이, '되어(돼)고'가 아니라 '되고'로 써야 합니다.

 사례5-after

노래방에 갔던 미성년자 동생이 밤 11시가 다 돼서 돌아왔다. 밤

10시 이후는 청소년의 노래방 출입이 금지돼 있는데 무슨 일인가 싶어 이유를 물어보니 노래방 주인아저씨가 눈감아준 덕분에 10시 이후까지 있었다는 것이다. 출입문에는 커다랗게 '밤 10시 이후 19세 미만의 청소년의 출입이 제한됩니다' 라고 써 붙여 놓고도 버젓이 밤늦게까지 청소년 손님을 받는 노래방, PC방, 오락실이 많다고 한다. 이들 업소 주인의 입장에서는 경제난으로 수입이 줄고 있는 상황에서 청소년 손님도 아쉬운 마음에 그랬겠지만 청소년 보호 차원에서 이를 결코 방치해서는 안 된다고 생각한다. 당국의 철저한 단속이 요망된다.

■■■ 평가

1. 분 석 : D ('청소년법'의 강화를 거론하는 등 분석의 대상에 오류가 있음)
2. 구 성 : F (글의 최종 목적지가 틀렸음)
3. 객관화 : C (동생의 나이를 밝히지 않는 등 자기중심적 표현이 있음)
4. 가 감 : B (비교적 적절한 수준임)
5. 어 법 : D (맞춤법에 문제가 있음)

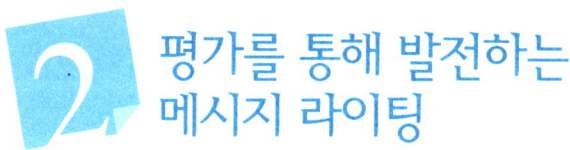
2. 평가를 통해 발전하는 메시지 라이팅

취직시험을 준비하는 대학생들로부터 취업논술에 대해 지도를 해달라는 요청을 종종 받는다. 그때마다 나는 "우선 아무 글이나 써서 가져와 보라. 그 글을 놓고 이야기 하자."고 말한다. 그런데 실제로 글을 써서 가져오는 학생은 별로 없다. 가지고 오지 않는 이유를 물어보면 "너무 못 써서…" "쑥스러워서…"라는 이유를 대며 말꼬리를 흐린다. 자기가 봐도 문제투성이인 글을 남에게 보이고 평가 받기가 창피하기 때문일 것이다. 그런데 문제는 회피하면 글쓰기 실력이 절대 늘지 않는다는 것이다. 자신의 글을 창피하다고 생각하지 말라. 물론 글쓰기에 천부적인 재능을 가진 사람도 있을 것이다. 하지만 대부분의 사람들은 글쓰기를 잘 못한다. 그것이 정상이다. 사람들은 갓난애가 돌이 되면 한 발자국씩 걷고, 두어 살이 되면 뛰어다니는 것을 당연하게 받아들이지만, 갓난애가 그렇게 걷고 뛰고 하기 위해서는 엄청난 연습이 필요하다는 사실을 잊고 있다. 무엇이든 연습 없이 되는 것은 없다. 연습도 하지 않고 글쓰기를 잘 하기를 바라는 것은 연목구어緣木求魚(나무에 올라가서 물고기를 구한다)와 마찬가지다. 거꾸로 말하면, 연습 없이는 글쓰기를 못하는 것이 당연하다. 갓난애가 걷지 못하는 것이 창피한 일이 아닌 것처럼 글쓰기를 못하는 것도 창피한 일은 아니다.

문제는 글쓰기 연습이 말처럼 쉽지 않다는 점이다. 갓난애는 어른들의 행동을 따라 하면서 걷기와 말하기를 연습하고 배운다. 하지만 글쓰기는 상당히 추상적인 작업이기 때문에 본받을 만한 표본을 찾기가 어렵다. 물론 글쓰기 교재나 동서양의 고전과 명문을 참조할 수도 있지만, 결국은 자기 스스로 시행착오를 거듭하며 터득해 나갈 수밖에 없다. 그러기 위해 우선은 자신의 장단점을 파악해야 한다. 자신의 글쓰기에 대한 문제점을 파악할 수 있으면 다음번부터는 똑같은 잘못을 범하지 않을 수 있을 테니 글쓰기가 발전하게 된다.

그러나 글쓰기에 대해 정확하게 평가하는 일도 절대로 쉽지 않다. 전체적으로 문제가 있다는 사실은 느낀다고 해도 딱 꼬집어 무엇이 잘못됐고 무엇을 교정해야 하는지 지적하기는 대단히 어렵다. 그러한 까닭에 글쓰기 책이나 강의에서도 글쓰기에 대해 창의성이 부족하다, 서론·본론·결론 구성이 잘못됐다, 논증을 잘 못했다는 등의 총체적 평가는 많지만 구체적이고 과학적인 평가는 드물다.

필자는 어떻게 하면 글쓰기를 좀 더 객관적이고 과학적으로 평가해 볼 수 있을까를 궁리한 끝에 'SAG' 평가시트를 고안했다. 이 평가는 글을 해체해서 항목별 필수사항 구비 유무를 따지는 방식이다. SAG평가시트에 따라 평가를 진행하면 글의 문제점을 지적하고 시정하는 데 유용할 것이라고 생각한다. 자신의 글쓰기를 자신이 직접 평가할 수도 있겠지만 가급적이면 남에게 보여서 평가를 받아 보는 편이 더 바람직하다. SAG 각각의 항목에서 '그렇다'는 대답이 많을수록 잘 쓴 글이다.

SAG는 synthesis(종합) analysis(분석) grammar(어법)를 말한다.

글쓰기 SAG 항목별 평가시트

〈분석〉
- 주제와 관련되는 사안의 일부가 아니라 전체를 분석했다.
- 사안의 개념과 의미, 그리고 관련 용어를 정확하게 구분했다.
- 사안을 동일한 잣대, 동일한 크기로 분류함으로써 각 사안들끼리 비교가 가능하게 했다.

〈종합〉

1) 구성
- 주제(문제 의식)가 명료하고 정확하게 설정됐다.
- 적절한 예시를 들며 수미일관(首尾一貫)하게 구분했다.
- 글이 주제와는 별 상관없는 곁가지 얘기가 없다.

2) 객관화
- 글의 주장이나 예시가 제3자가 봐도 납득할 수 있으며 보편타당하다.
- 필자는 알지만 독자는 모르는(이해할 수 없는) 내용이 포함되지 않았다.
- 누구나 다 아는 내용을 자신만 아는 듯이 강조한 부분이 없다.

3) 가감
- 간단하게 압축할 수 있는 내용을 장황하게 설명한 부분이 없다.
- 논지 전개와 관련이 없거나 불필요한 부분이 포함되지 않았다.
- 논지 전개에 필요한 핵심 대목을 빠뜨리지 않았다.

〈어법〉
- 맞춤법에 오류가 없다.
- 문장의 주어와 술어가 일치한다.
- 문장에 동어반복이 없다.
- 서로 다른 내용을 한 문장 안에 무리하게 집어넣어 만연체를 만들지 않았다.

〈분석〉
- 주제를 해체해 조각내기

Analysis(분석)는 글쓰기 이전의 단계를 말한다. 글로 표현하고자 하는 주제, 문제의식, 사건 등을 잘게 쪼개는 과정이다. 자신의 글을 설득력 있게 만들기 위해서는 자신이 체험한 사항은 물론, 관련 자료도 찾아보면서 사안의 전부를 분석해야 한다. 밤 10이후 청소년 노래방 출입금지에 대해 쓰려면 자기 동생의 경험담뿐만 아니라 관련 법규도 찾아보고 이웃의 사례도 조사해야 한다. 이렇게 사안 전체를 분석의 대상으로 삼아 잘게 쪼개 놓아야 글쓰기라는 재조립 과정을 올바르게 진행할 수 있다. 분석이 제대로 안 되면 아무리 재조립을 잘해도 완성품에 하자가 생기게 된다.

또한 분석은 정확하게 해야 한다. 개념과 용어를 정확하게 구분하지 않고 마구 뒤섞어 놓으면 당연히 재조립을 제대로 할 수 없다. 분석한 조각은 동렬同列에서 비교 가능할 수 있도록 동일한 수준, 동일한 크기로 만들어야 한다. 국민의 납세의무를 자발적인 친목 모임의 회비 납부 의무와 동일한 선상에서 비교하기는 어렵다. 국민의 납세의무라는 사안을 좀 더 잘게 쪼개면 그 쪼개진 조각 중에는 친목회비와 동일 선상에서 비교할 수 있는 내용이 있을 수 있다. 이렇게 동렬에서 비교할 수 있는 조각을 만들어 놓고 글을 써야 한다.

　분석은 단순히 사안을 조각내는 작업만을 말하는 것은 아니다. 과제물을 쓰기 위해 지식을 찾아 모으는 것, 시험에서 논제를 받고 자기가 이미 알고 있는 지식들을 끌어 모으는 것도 분석에 해당한다. 분석은 기본적으로 머릿속에서 이뤄지지만 머릿속에서 모든 것을 다 할 수는 없다. 분석한 조각들 중 중요한 것은 간략하게 메모해 가는 것이 나중에 글을 쓸 때 크게 도움이 된다. 분석의 과정은 글을 쓰기 전단계의 과정이지만, 그 결과는 그대로 글쓰기에 반영된다. 그렇기 때문에 완성된 글을 보면 분석의 잘잘못도 평가가 가능하다.

〈종합〉
- 해체한 조각을 목적에 맞게 쌓아가기

　Synthesis(종합)는 잘라 놓은 조각들을 가지고 재조립해 나가는 과정이다. 재조립의 과정은 정형定型이 있을 수 없다. 각자 자기 방식대로 하면 된다. 그래서 많은 사람들이 더 어렵고 배우기 힘들다고 말한다.

1) 구성
- 서론은 없어도 된다

글쓰기를 위해서는 우선 글의 얼개(구조)를 짜야 한다. SAG 시트로 보면 구성 항목이다. 일반적으로 서론·본론·결론의 구성이 가장 보편 타당한 것으로 간주된다. 하지만 서론·본론·결론에 얽매일 필요는 없다. 실제 글에서는 서론과 본론은 엄격하게 구분하기 어려울 때가 많다. 분석한 조각 즉, 글쓰기의 재료에 따라 구성 형식은 얼마든지 달라질 수 있다. 자유자재로 글을 구성할 수 있으면 글쓰기는 이미 완성됐다고 할 수 있다. 대체로 초보자들도 본론과 결론에는 무엇을 써야할지 안다. 글을 쓰려고 하는 목적의식이 있을 테니, 그것을 결론으로 삼으면 된다. 앞 장의 짧은 글쓰기의 사례에서 보면, '학교당국은 강좌수를 늘려라' '중국어 안내방송의 지명발음을 한국식으로 하라' 라는 내용이 결론이 된다. 그리고 그 결론의 주장을 설득력 있게 하기 위한 사례(지식, 체험 등)를 써나가면 그게 바로 본론이 된다.

문제는 서론이다. 많은 사람들이 글의 첫머리를 어떻게 시작할까 고민하다가 시간을 흘려보낸다. 서론에 대한 '근거 없는 강요'는 글쓰기를 어렵게 만드는 가장 큰 요인 중의 하나다. 분명히 말하지만, 학술 논문을 쓰는 것이 아닌 이상 서론은 없어도 좋다. 서론(문제의 제기)부터 잘 시작해야 한다고 머리를 싸매는 것은 공연한 시간낭비에 불과하다. 곧바로 본론으로 들어가라. 글을 쓸 때는 뭔가 근사한 말로 운을 떼면서 시작해야 한다는 생각은 잘못된 고정관념일 뿐이다.

예를 들어 여당이 2005년 12월 30일 노동관계법 개정안을 강행처리하는 사건이 있었다고 하자. 야당이 물리력을 동원해 의사진행을 방해하는 상황에서 법안에 대한 찬반토론 절차를 생략하고 일방적으로 표결에 붙여 찬성다수 가결됐다고 선언했다. 야당은 찬반토론도 없었고, 찬반 의원수를 정확하게 헤아리지도 않고 가결을 선언하는 등 절차상 중대 하자를 범한 날치기라고 반발하며 본회의장에서 농성을 하고 있다. 이에 관한 기사를 쓴다면 그 서론에 해당하는 첫 구절(리드)은 '여당이 12월 30일 국회 본회의에서 야당 의원들이 의사진행을 실력으로 저지하는 가운데 노동관계법 개정안을 강행 처리, 정국이 파행으로 치닫고 있다'라는 식이 되기 십상이다. 사실 이 리드도 상당한 고민을 해야 쓸 수 있다. 기자들에게도 리드를 잘 써야 한다는 강박관념이 있다. 여당은 적법한 표결이었다고 주장하고 야당은 날치기라고 하는데 이를 어떻게 표현해야 할까 고민하다가 '강행처리'라는 비교적 중립적인 용어를 선택한 것이다. 여야의 싸움이 본격화된 상황도 한 구절은 넣어야 할 것 같다는 생각에 정국 파행도 언급했다. 그리고 리드를 부연 설명하는 본론으로 들어간다. '여당은 이날 본회의에서 노동관계법 개정안을 찬반 토론 없이 표결에 붙여 일방적으로 가결됐다고 선언했다. 야당은 이에 대해 절차상 하자가 분명한 날치기라고 규정, 법안 처리 무효화를 주장하며 본회의장에서 농성에 들어갔다' 라는 내용이 이어진다.

그러나 나중에 가서 깨닫게 된다. 리드가 없어도 된다는 사실을 말이다. 다음과 같이 있는 사실만 그대로 나열해 주는 것이 오히려 객관적이고 정확하고 간결한 글쓰기가 된다. '여당은 12월 30일 국회 본회의에서 야당의원들이 의사진행을 실력으로 저지하는 가운데 노동관계법 개정안을 단독으로 표결에 붙여 통과시켰다. 이에 대해 야당은 찬반토론 절차도 밟지 않은 날치기 처리로 규정, 법안 처리 무효화를 주장하며 국회 본회의장에서 농성에 들어갔다.'

― '폼' 잡지 말고 알맹이만 써라

그냥 하고 싶은 얘기를 써 내려가도록 하라. '폼' 잡지 말고, 군더더기 빼고 본론으로 들어가는 것이 가장 좋은 서론도 된다. 앞 장에서 소개한 독자투고용 짧은 글쓰기 사례들은 모두가 본론부터 쓴 전형적인 예라고 할 수 있다. 그래도 훌륭한 글이 되지 않았는가? 취직시험이나 대학입시의 논술도 크게 보면 '짧은 글쓰기'에 해당한다. 굳이 서론을 쓰고 싶으면 본론에 쓰려고 했던 내용 중 가장 설득력 있거나, 생생하게 경험했던 사례를 맨 앞에 내세워 쓰면 된다. 본론에서는 자신이 표현하고 싶은 지식과 경험을 우선 나열하라. 시간순서대로 나열해도 좋다. 그리고 그 나열된 지식과 경험을 종합해 결론을 내리면 글쓰기가 완성되는 것이다. 그 다음으로, 그 글을 평가해 보고 불필요한 것이 있으면 빼고, 단락의 순서를 바꾸는 것이 더 좋다고 판단되면 순서를 바꿔라.

- 글이 끝날 때까지 주제를 까먹지 마라

유념할 사항이 한 가지 있다. 우선, 자신이 무엇 때문에 그 글을 쓰며, 어떤 것에 관해 쓰는지 그 주제를 항상 확실하게 기억해야 한다. 글을 쓰는 데 열중하다 보면 도중에 주제를 까먹고 엉뚱한 길로 빠지는 경우가 다반사이기 때문에 하는 말이다. 문단이 새롭게 시작될 때마다 주제를 다시 한 번 되새기고 관련이 없는 내용은 아무리 머리에서 흘러넘치게 떠올랐다고 해도 빼 버려라. 그리고 주제와 관련 있는 것은 일단 이것저것 다 집어넣어라. 매끄럽게 연결되지 않는다고 고민하지 않아도 된다. 경험한 사실도 좋고 남의 글을 인용하는 것도 좋으니 일단 나열해라. 주제의식만 명확하다면 그렇게 해도 글이 된다. 사례와 경험들을 매끄럽게 연결하기 위해 애쓰다 보면 오히려 제대로 된 글이 나오지 못할 수도 있다.

2) 객관화

객관화는 글쓰기 초보자가 쉽게 범하는 오류를 최소화하기 위한 평가 항목이다. 특히 초보자들은 자기주장만 나열하고, 다른 사람의 주장은 일체 들으려고 하지 않는 미숙함을 범할 때가 많다. 교통사고를 당한 사실을 고발하면서 사고 장소를 빼먹는다든가, 출퇴근 버스가 정류장 안내방송을 제대로 하지 않으니 시정해달라는 글을 쓰면서 정작 무슨 회사 몇 번 버스인지를 빼먹는 것 등이 대표적이다. 글 쓰는 이는 교통사고를 체험했으니 사고지점을 잘 안다. 자신이 늘 타고 다니는 버스이니 노선번호를 물론 알고 있다. 자신은 이미 알고 있는 사실이기 때문에 남들도 당연히 알 것이라고 착각하고 글에다 쓰지 않는 사례가 의외로 많다. 남의 입장에서 글을 쓰는 '객관화'가 부족하기 때문에 생기는 현상이다. 다음의 사례를 보자.

아이들을 데리고 놀이공원에 다녀왔다. 겨울방학이고 주말이라서 그런지 많은 인파들로 북적거렸지만 참 즐거웠다. 놀이공원에서 즐거운 시간을 보내고 집으로 돌아가려고 출구를 나오는데 남편 핸드폰으로 내 핸드폰 번호를 대며 핸드폰을 주웠는데 혹시 함께 있냐면서 전화가 왔다. 나는 그때서야 핸드폰을 분실한 사실을 알았다. 몇 분을 기다려 그네 명의 학생들에게서 핸드폰을 건네받았다. 고맙다는 말은 했지만 그

때는 경황이 없어서 제대로 인사도 못하고 그냥 출구를 나왔다. 그 몇 분 후 여기저기서 나에게 핸드폰을 분실했었냐며 전화가 왔다.'

객관화를 하지 못하면 어떤 문제가 있는지 적나라하게 보여주는 글이다. 남편 핸드폰으로 전화가 왔다는 말은 있지만, 현장에 남편과 함께 있었다는 말은 없다. 남편 핸드폰으로 전화를 한 사람이 학생이라는 말이 없었는데 왜 갑자기 '그 네 명의 학생'이란 말이 나오는 것인가. 그 몇 분 후 여기저기서 나에게 핸드폰을 분실했었냐며 전화가 왔다는 내용으로 미루어 짐작해 보면, 핸드폰 습득자가 핸드폰 주인을 찾기 위해 핸드폰에 저장된 번호로 여기저기 전화를 해 본 듯하다. 남편 전화로 전화가 걸려온 이유도 그렇게 했기 때문일 것이다. 글을 쓴 사람이야 자신이 경험한 일이니 다 알겠지만 남들이야 그걸 어찌 안단 말인가. 다음과 같이 쓰면 제3자도 훨씬 알아듣기 쉬울 것이다.

'남편과 함께 놀이공원에서 즐거운 시간을 보내고 정문을 나서 돌아가는데 남편 핸드폰으로 전화가 왔다. 공원에서 핸드폰을 주웠는데 주인을 찾기 위해 그 핸드폰에 저장된 번호로 전화를 걸고 있다는 것이다. 그때서야 내 핸드폰을 분실했다는 사실을 알았다. 잠시 후 학생 4명이 핸드폰을 가지고 우리가 있는 곳까지 찾아왔다. 정말 고마운 학생들이었다.'

글에 인용하는 사례는 보편타당하다고 증명된 것이거나, 적어도 남이 들었을 때 "아 그것 일리가 있네."라고 수긍할 수 있는 내용이어야 한다. 남이 수긍할 수 있는지의 여부는 옆 사람에게 물어보면 금방 확인할 수 있다. 자기 얘기만 하지 말고 '남들도 나와 똑같은 부당한 경험을 했다' '신문보도에도 나온 얘기다' '전문가도 이렇게 말했다' 라는 식으로, 가급적 남을 많이 끌어들여야 한다. 이 방법이 자기주장을 보편타당한 것으로 만들어가는 데 크게 도움이 된다. 이것을 객관화의 기술이라고 한다.

자신이 경험한 것을 남들도 경험했다고 착각하지 말라. 특히 자신의 체험담을 쓸 때는 그 사건에 대해 제3자는 전혀 모른다는 사실을 염두에 두고 설명해 줘야 한다. 이와 반대로 남들도 다 아는 사실을 자신만 아는 듯이 장황하게 강조하는 것도 곤란하다. '인터넷의 발달로 전 지구가 동시에 연결되는 시대가 도래했다' 는 등의 누구나 다 아는 상투어를 서론에서부터 보란 듯이 쓸 필요는 없다는 말이다.

3) 가감

가감加減은 논지전개에 필요한 사례는 넣고, 필요 없는 것은 빼는 것을 말한다. 당연하게 들리겠지만, 실제로 많은 사람들이 그렇게 하지 못한다. 불필요한 것을 잔뜩 집어넣는가 하면 정작 필요한 핵심 사안은 까먹는 경우가 적지 않다. 가감은 간단해 보이지만 의외로 어렵다. 특히 뺄 것을 과감하게 빼 버리는 데 능숙해지면 글쓰기가 일취월장하게 된다. 글의 주제, 글쓰기의 목적과 관계없는 것은 아무리 좋은 내용이라도 빼 버려야 한다. 주제와 관계없는 대목은 그것이 좋은 내용이어도 그 자체로 주제를 흐리고, 더욱이 별 볼일 없는 내용이면 글의 질을 떨어뜨린다.

초보자들은 글쓰기에서 어느 정도의 분량을 채워야 한다는 압박감에 쓸데없는 말들을 잔뜩 나열하는 실수를 흔히 범한다. 글이 짧아도 상관없으니 쓸데없는 말을 장황하게 늘어놓는 글쓰기는 지양해야 한다.

〈어법〉

― 어법에 맞는 문장 쓰기

Grammar(어법)은 글쓰기를 하는데 있어 기본 중의 기본이다. 맞춤법에 틀리지 않게 글을 써야 한다. 기왕이면 문장을 짧게 쓰는 버릇을 들이도록 해야 한다. 문장이 길게 늘어지면 논점을 파악하기 어렵게 된다. 특히 한 문장 안에 두 개의 내용을 무리하게 우겨넣는 일은 절대적으로 피해야 한다.

– 문장표현의 핵심은 일치一致

문장 표현을 잘하는 지름길은 '일치'를 익히는 데 있다.

일치에도 여러 가지가 있다. 아래의 문장을 보자.

'나는 지난 주말 산에 갔다가 아름다운 단풍, 맑은 옹달샘, 시냇물이 굽이쳐 흐르는 것을 보고 감탄을 금하지 못하고 있는 동안 서울로 돌아가는 기차가 이미 늦어 버렸다.'

주어부는 '나는'인데, 술어부는 '기차가 이미 늦어 버렸다'이다. 중간 부분을 빼면 '나는 기차가 이미 늦어 버렸다'는 것이 되니 말이 되지 않는다. 술어부를 '기차를 놓쳐 버렸다'로 하거나 '기차 시간에 늦어 버렸다'라고 해야 주어와 일치된다.

나열하는 어구를 같은 형식, 같은 단위로 일치시켜야 한다. '아름다운 단풍' '맑은 옹달샘'이라고 '수식어+명사' 구조의 구句를 나열하다가 '시냇물이 굽이쳐 흐르는 것'이라고 절節을 이어붙이는 것도 '일치'에 어긋난다. '시냇물이 굽이쳐 흐르는 것'이라는 절을 '굽이치는 시냇물'로 바꿔 '아름다운 단풍' '맑은 옹달샘'과 같은 '수식어+명사' 형식의 구로 일치시켜주는 것이 좋다.

다음 문장은 특정한 장면을 묘사하는 글이다.

'올해 로또 달력도 로또로 성공한 인생과 실패한 인생을 구분한 사진을 넣어 놨다. 그런데 문제는 같은 모델을 두고 한쪽에는 청소하는 청소부 모습과 명품 모자에 골프 치는 모습을 나뉜 광고를 실었다.'

두 번째 문장의 주어부는 '문제는' 인데, 술어부는 '광고를 실었다' 로, 일치하지 않는다. 주어 '문제는' 과 일치시키려면 술어부는 '광고를 실었다는 것이다' 정도로 해야 한다. '명품 모자에 골프 치는' 도 문제가 있다. '명품 모자에' 라는 표현을 쓰려면 그 다음에는 '최상급 골프복으로 치장하고 골프 치는' 정도가 나와야 말이 된다. 그렇지 않으면 '명품 모자를 쓰고 골프 치는' 으로 해야 한다. '모습을 나뉜' 이라는 대목은 주·술어가 불일치한다. '나뉜' 은 피동형이다. '모습이 나뉜' 으로 하든가 '모습을 나눈' 이라고 해야 한다.

간접화법인지 직접화법인지 화법도 구분해서 일치시켜줘야 한다. '친목회원인 듯한 중년 남자 20여명이 비행기 좌석 중간에서 온갖 종류의 술을 마구 주문해 마셨다. 그들은 '무슨 무슨 술을 시켜 먹어라' '무슨 술 더 달라고 해라' 라며 떠들었다.' 라는 문장에서 '무슨 무슨' 은 간접화법의 표현이다. 이를 따옴표 안의 직접화법으로 표현하려면 "○○술을 시켜먹어라." "××술 더 달라고 해라."라고 해야 한다. '그들은 무슨 무슨 술을 시켜먹으라느니, 무슨 술을 더 달라고 하라느니 하면서 떠들었다' 라고 간접화법으로 표현하는 방법도 있다.

'농로를 가로막고 있는 승용차 때문에 트랙터를 빼지 못해 한나절을 고생했다. 나중에 승용차 운전자가 왔기에 이럴 수 있냐고 따졌더니 이 도로가 당신네 거냐고 되레 큰소리치는 게 아닌가.' 이 문장도 직접화법과 간접화법이 뒤엉켜 있다. "이럴 수 있냐." "이 도로가 당신네 거냐."와 같이 따옴표로 싸 줘야 한다.

– 한 문장에는 하나의 내용만

한 문장에 많은 내용을 우겨넣으려고 하지 마라. 다음은 한 여성 운전자가 저녁 무렵 자택 주변 도로에서 운전을 하다가 경찰로부터 "운전도 잘하지 못하면서 왜 차를 끌고 나오느냐."는 핀잔을 듣고 화가 나서 쓴 글의 일부이다. '여자운전자라 그러나 싶기도 하고 초보운전자라고 저녁시간에 가까운 집 앞길도 못 나오나 싶어 세상에 그런 규정도 다 있냐며 구태여 마이크로 차까지 세울 필요가 있냐며 지금 이 시대가 어떤 시대인데 공권력을 남용하는 게 아니냐 했다.' 이 얼마나 장황한 문장인가. 다음과 같이 문장을 끊어서 보자. '여자운전자라 그러나 싶은 생각도 들었다. 초보운전자는 저녁에 집 앞길도 못 나온다는 것인지, 과연 그런 법규정이 있는지 물었다. 긴급 상황도 아닌데 확성기로 호출하며 차를 세운 것은 공권력 남용이 아니냐고 따졌다.'

잘 쓰기 전략
지식이 없어도 글쓰기를 잘할 수 있다

시중에 나와 있는 글쓰기 및 논술 관련 책들을 들여다보면 대부분 '독서를 많이 하고 신문을 꼼꼼히 읽어라, 그러면 이해력이 좋아지고 글쓰기를 잘할 수 있게 된다'는 내용이 주류다. 그런데 나는 그런 책을 볼 때마다 묻고 싶은 게 있다.

"지식을 늘리라는 말씀은 지당하지만, 문제는 시간도 부족하고 다른 할 일도 많아 바빠 죽겠다는 것 아닌가? 어느 틈에 고전들을 다 읽고, 시사 지식도 넓힌단 말인가. 그럴 시간이 없으니까 글쓰기를 배우겠다는 것 아닌가."

'지식'은 분명 글쓰기에 도움이 된다. 학술 논문을 쓸 때는 물론이지만 취직시험이나 대학입시의 논술, 보고서 작성, 기획안 작성 등 실용적인 글쓰기에서도 자기가 말하고자 하는 주제, 혹은 요구된 주제에 대한 기본 지식을 갖추고 있지 않으면 당연히 글을 쓸 수가 없다.

특히 논술시험처럼 주제가 일방적으로 정해지고, 한정된 시간에 자료 없이 써야 하는 글은 기본 지식이 없다면 쓰기가 불가능하다. 그래서 공부를 하는 것이다.

사실 세상의 모든 사안에 대해 정통할 수는 없겠지만 시험에 제대로 대비하자면 어떠한 논제가 주어져도 거침없이 써 내려갈 수 있을 정도의 지식은 갖추어야 한다. 문제는 과연 이처럼 만물박사가 될 정도의 능력과 시간을 가진 사람이 얼마나 있을까 하는 것이다.

그러나 결코 지식이 부족하다고 실망할 이유가 없다. 넓고 깊은 지식을 갖췄다면 금상첨화겠지만 '수박 겉핥기' 정도의 지식밖에 없는 사람도 글을 잘 쓸 수 있다(그렇다고 지식 탐구를 게을리 하라는 말은 절대 아니다).

대부분의 실용적인 글쓰기는 엄청난 지식이나 교양을 필요로 하지 않는다. 지식이나 교양을 과시하는 글쓰기는 전문가의 영역이다. 그러니 대학입시나 취직시험을 준비하는 사람들은 고차원적인 글을 써야 한다는 압박감에서 벗어나도 된다.

서울대가 과거 몇 년간 논술시험을 통해 수험생의 답안이 놀랍게도 똑같다는 사실을 발견하고 2008학년도부터 논술시험 출제를 교과서 수준의 지식만 갖추면 누구라도 쓸 수 있는 형태로 바꿨다고 한다. 이전의 서울대 논술에서는 특정한 논제에는 특정한 학자나 명저의 명언 명구를 똑같이 인용한 답안이 속출했다고 한다. 논술학원에서 특정 논제에는 특정 구절을 인용하라는 요령을 배운 학생들이 그만큼 많았다는 얘기다. 특정 명구를 인용하라는 이면에는 아마도 글쓰기를 하면 뭔가 고차원적인 얘기를 써줘야 한다는 강박관념이 작용했을 것이다. 하지만 그렇게 상투적인 명구를 인용해서 글을 쓰는 게 얼마나 큰 감동을 주겠는가. 그래서 서울대가 결국은 논술 형식을 바꿔 버리고, 이처럼 상투적 인용이 들어간 답안은 점수를 주지 않기로 결정을 내린 것이다.

실용적인 글쓰기는 단순한 지식의 나열을 요구하는 것이 아니다. 지식이 아닌, 다른 핵심 요구사항이 있다. 대학입학논술 채점자라면 주어진 논제와 제시문을 제대로 이해했는지를 가장 먼저 따질 것이다. 입사시험 출제자는 주어진 논제에 대해 응시자들이 자기 나름의 시각을 갖추고 있는지를 보다 주의 깊게 볼 것이다. 보고서를 읽는 상사나 클라이언트라면 관련된 정보를 얼마나 알기 쉽게 정리하고 요약했는지를 우선 살펴볼 것이다.

글쓰기는 지식과는 별개의 영역이다. 글쓰기는 하나의 기술이다. 그러므로 글쓰기는 지식과는 별개로 공부하고 습득해야 할 필요가 있다.

채점관에게 점수 따는
메시지 라이팅

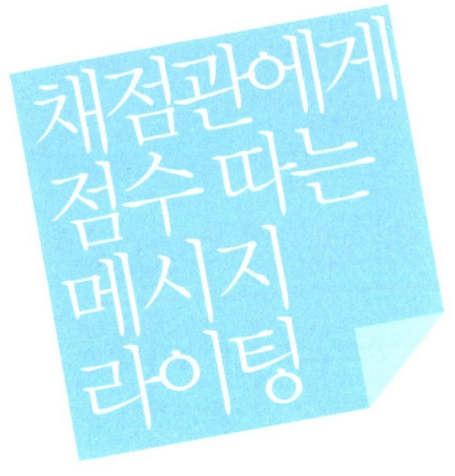

채점관에게 점수 따는 메시지 라이팅

　시험논술 답안 작성은 주어진 논제論題에 맞춰 글을 쓰는 작업이다. 대학입시 논술, 수업의 과제물, 입사시험의 작문 등의 글쓰기가 그것이다. 문제는 논술 답안 작성이 쉽지 않다는 것이다. 글을 쓰기 싫어하는 아마추어들은 시험을 앞두고 심각하게 고민해 보지만, 평소 글쓰기와는 담을 쌓고 지낸 '덕분'에 마땅한 대책이 서지 않는다. 급하게 벼락치기 공부도 해 보지만 어떻게 해야 잘 쓰게 되는지 방법도 모르겠고, 글쓰기에 진전이 보이지도 않는다. 발상의 전환을 해 보자. 글쓰기라고 생각하지 말고 나의 메시지를 채점관에게 전하는 것이라고 생각해 보면 답안 작성이 훨씬 쉬워질 것이다. 글쓰기라고 하면 지식을 메워 넣어야 한다는 강박 관념을 갖는 사람들이 많다. 그래서 많은 사람들이 시험장에서 논제를 접하면 그 논제와 관련해 자신이 아는 지식을 총동원해 나열한다. 그러나 그런식으로 글을 써내려 가다 보면 맥락이 뒤틀리고, 앞말과 뒷말이 연결되지 않아 결국은 글쓰기를 망치는 경우가 허다하다.

글쓰기는 지식을 메워 넣는 작업이 아니다. 나의 메시지를 독자(채점관)에게 전하는 작업이다. 마케팅에서 말하는 메시지 작성법칙 – 단순성·의외성·구체성·신뢰성·감성·스토리 –과 같은 원칙들을 떠올려 보자. 단순하게 써라, 의표를 찌르는 아이디어를 내라, 구체적으로 써라, 신뢰할 수 있는 내용을 써라 – 이런 말들은 글쓰기에 다소 능숙한 사람이라면 누구나 하는 말이자 다 아는 내용이다. 이런 메시지 라이팅의 법칙들을 떠올리고 과감하게 실천해 보라.

채점관도 독자다. 무엇보다 재미가 있어야 글을 끝까지 읽는다. 재미없는 글은 끝까지 읽지 않고 치워 버린다. 채점관이라는 독자를 만족시키는 가장 좋은 방법은 '남의 지식을 쓰지 말고 나의 메시지를 전달하라' 는 것이다. 메시지 전달을 다른 말로 하면 스토리텔링이다. 채점관에게 얘기를 하는 것이다. 어떻게 하면 얘기를 재미있게 이끌어 갈 수 있는지, 실제 글쓰기 답안 사례를 분석하면서 공부해 보자.

다음 두 편의 글은 2009년 2월 불거진 S대법관의 재판 독촉 이메일 발송 파문과 관련해 '법원장의 이메일이 왜 재판 압력 논란을 낳는가' 라는 제목으로 대학생들이 쓴 글이다.

before 1

S대법관은 서울중앙지법원장 재직 당시, '미국산 쇠고기 수입 반대 촛불 시위' 사건의 신속한 재판을 독촉하는 이메일을 산하 법원 판사들에게 보낸 사실이 있다. 이 사실이 2009년 2월 4일에 언론에 공개되자, 이 사건이 재판에 대한 부당한 간섭인지 아닌지에 대한 논란이 여야 정치권을 비롯하여 민간단체에서도 불거지고 있다. 현재까지 공개된 4통의 이메일에 담겨 있는 내용 일부를 발췌해 보면, 다음과 같다.

'대법원장님 말씀을 그대로 전할 능력도 없고, 적절치도 않지만 대체로 저의 생각과 크게 다르지 않으신 것으로 들었습니다. (중략) 구속사건 등에 대하여 더 자세한 말씀도 계셨지만 생략하겠습니다. 참고로 우리법원 항소부에서는 구속사건에 대하여는 선고를 할 예정으로 있는 것 같습니다. 오해의 소지가 있으시면 제가 잘못 전달한 것으로 해 주십시오.' (10월 14일자 발송 이메일)

'구속사건이든 불구속 사건이든 그 사건의 적당한 절차에 따라 통상적으로 처리하는 것이 어떠냐 하는 것이 저의 소박한 생각입니다. 또, 제가 알고 있는 한 이 문제에 관심을 가지고 있는 내외부(대법원

과 헌재 포함)의 여러 사람들의 거의 일치된 의견이기도 합니다.' (11월 6일자 발송 이메일)

이메일 몇 번 보낸 것이 어떻게 재판 간섭이 될 수 있겠는가라는 물음은 일견 타당해 보인다. 그러나 이 같은 생각은 지극히 이상적인 상황에서만 성립할 수 있다. 공적으로 자신과 관련되어 있는 상관이 자신의 의견을 은연중에 간접적으로라도 전달하게 되면, 낮은 지위에 있는 사람은 절대 부담을 벗어던질 수 없다. 이를 더 상세하게 분석하면, 세 가지 사실을 짚고 넘어가야 한다. 첫째는 당시 S법원장의 직책이 중앙지방법원장이었다는 사실이다. 둘째는 이메일이 지속적으로 발송되었다는 사실이다. 산하 판사들의 직속상관일 뿐만 아니라 인사권자이기도 한 중앙지방법원장이 자신의 의견을 수차례 어필한다면, 판사들로서는 부담을 가질 수밖에 없었을 것이다.

마지막으로, S대법관이 보낸 이메일 내용에서 주목해야 할 점은 S대법관이 대법원장의 의견 대변자 역할을 자처했다는 점이다. 그런데 대법원장이란 판사 입장에서 단순히 상급자 정도의 의미를 가지는 사람이 아니다. 대법원장은 말 그대로 사법부의 수장이다. 헌법 조문을 살펴보면, 대법원장은 대법관이 아닌 법관을 임명하며, 대법원의 일반사무를 관장하고 대법원의 직원과 각급 법원의 사법행정 사무에 관하여 직원을 지휘·감독하며, 대법관회의 의장이 된다 (헌법 104조, 법원조직법 13조 2항·16조 1항).

 before 2

　장엄하게 들어오는 판사의 모습, 그리고 1시간 동안의 정숙한 재판시간. 엄마의 손을 꼭 잡고 동그란 눈을 판사에게서 고정시킬 수밖에 없었던 어린 학생. 구체적이지는 않지만, 어렴풋이 내 머리 한구석에 자리 잡은 우리나라의 사법부에 대한 나의 체험담이다. 판사의 말 한마디에 법원에 출두한 사람은 당장 감옥으로 가는 줄 알았던, 그래서 미동도 없이 모든 게 다 보일 것만 같았던 의자에 앉아 있던 판사는 어린 나에게 더없이 크고 높은 존재였다. 적어도 그런 판사들도 재판장에서 발을 떼는 순간 단지 하나의 조직의 구성원에 불과하다는 사실을 인식하기 전까지는 말이다.
　S대법관 '이메일 파문' 사건으로 사법부의 공정한 재판에 대한 신뢰와 권위가 추락하고 있다. 이 사건과 연관된 '촛불재판' 사건의 진행과정을 간단히 들여다보면, 2008년 10월 9일 서울중앙지법 형사7단독 P판사는 야간 옥외집회를 금지하는 집시법 조항에 대해 헌법재판소에 위헌심판을 제청했다. 그 후 S대법관이 형사단독 판사들에게 이메일 보낸 것이 언론에 공개됨으로써 파장이 더욱 확산된 것이다. 논란의 10월 14일 자 이메일에는 '나머지 사건은 현행법에 따라 통상적으로 진행하는 것이 바람직하다', '피고인이 위헌 여부를 다투지 않고 결과가 신병과도 관계없다면 현행법에 따라 결론을 내 달

라'는 등의 내용을 포함하고 있다.

    S대법관의 이메일을 둘러싼 논란의 핵심은 과연 그가 압력을 행사해 재판에 영향을 미치려 했느냐는 점이다. 사실상 몇몇은 헌법재판소의 결정을 기다리지 않고 현행법에 따라 적용하게 되면 대부분은 유죄를 선고하게 되기 때문에 법원장이 유무죄 판단에 개입한 것이라고 지적하고 있다. 재판진행 여부는 판사 개개인이 판단할 일인데 법원장이 나서서 한 방향으로 몰고 간 것은 사실상의 압력이라는 얘기다.

 코멘트

    글 A와 B 모두 문장이 매끄럽지 못합니다. 두 편의 글 모두 S대법관의 이메일 발송 파문이 무엇인지, 그 사실관계를 설명하는 데 상당량을 할애하고 있습니다. 이 글을 전개하기 위해서는 어쩔 수 없는 일이기는 하지만 글 A는 처음부터 사실관계 설명에 전력을 쏟고 있습니다. 허겁지겁 남의 얘기를 전달하기에 바쁘죠. 이에 비해 글 B는 자신의 경험담으로 글을 시작하고 있습니다. 물론, 아직은 서툴지만 그 경험담을 도입부에 씀으로써 글의 재미를 유발하고 있습니다. 전달하려는 메시지도 뚜렷하게 부각되고 있습니다. 그 메시지는 이렇습니다. "판사는 지고지상의 존재인줄로만 알았다. 그러나 S대법관 파문을 보면서 판사도 상관의 눈치를 보는, 평범한 존재라는 점을 깨달았

다." 글 B는 그렇게 스토리를 풀어갈 수 있습니다. 그렇게 함으로써 상황을 단순화·감성화·스토리화해 전달하는 메시지 라이팅이 가능해집니다.

다음은 글 B를 원문의 취지에 맞춰 다듬어 본 것입니다.

재판정에 들어서는 판사의 모습은 장엄했다. 그 장엄함에 압도된 재판정은 재판이 진행되는 1시간 동안 기침소리 하나 없는 정숙함을 유지했다. 어린 나는 엄마의 손을 꼭 잡고 동그란 눈을 판사에게서 고정시킨 채 미동도 하지 못했다. 높은 판사석에 앉은 판사는 조그마한 움직임도 다 감시하고 있을 것만 같았다. 까딱 잘못하다 판사의 눈에 띄면 감옥에 갈지도 모른다는 두려움. 판사는 어린 나에게는 더없이 크고 높은 존재였다. 초등학교 1학년 때였던가. 엄마의 손에 이끌려 견학했던 우리나라 사법부의 모습은 나에게 이렇게 각인됐다.

그렇게 장엄한 판사들이 재판장을 나서는 순간 하나의 조직 구성원이자 '생활인'으로 돌아갈 수밖에 없다는 사실을 인식한 것은 시간이 한참 흐른 뒤의 일이다. 엄숙한 법의 수호자이면서 동시에 조직의 눈치를 보지 않을 수 없는 생활인. S대법관의 재판개입 논란을 지켜보면서 중층적인 판사의 이미지가 새삼 머릿속에 교차한다.

재판개입 논란의 발단이 된 것은 S대법관이 서울중앙지방법원장으로 재직하던 2008년 미국산 쇠고기 수입반대 촛불사건 재판을 맡은 판사들에게 보낸 이메일이다. 2009년 2월 언론에 공개된 이메일에 따르면, S대법관은 2008년 10월 전후 4차례에 걸쳐 판사들에게 메일을 보내 '위헌제청여부와 관계없이 현행법에 따라 통상적으로 재판을 진행하는 게 바람직하다'고 했다. '위헌제청'이란 그 직전 P판사가 촛불사건 관련자에게 적용된 집회 및 시위에 관한 법률의 야간집회금지 조항에 대해 헌법재판소에 위헌 제청하고, 이에 따라 다른 판사들이 위헌심판 결과를 지켜보겠다는 이유로 재판진행을 중단한 사실을 지적한 것이다.

S대법관의 이메일이 법원장으로서의 단순한 행정행위였는지 재판개입인지에 대해서는 논란이 분분하다. 그러나 헌법재판소의 결정을 기다리지 않고 현행법을 적용하게 되면 촛불사건 관련자 대부분은 유죄를 받을 수밖에 없다는 점에서, '현행법대로 재판해 달라'는 이메일은 법원장이 유무죄 판단에 개입한 것이라는 의혹을 사기에는 충분하다고 본다.

승진과 보직을 둘러싼 경쟁은 사법부도 예외가 아니다. 과거 법원은 사법시험 점수와 연수원 성적에 바탕을 둔 서열을 기준으로 인사를 해 왔지만 그것이 비합리적이라는 지적에 따라 몇 년 전부터 판사들에 대해 근무평정제도를 실시하고 있다. 판사들도 근무평정을 잘 받아야 승진과 보직에서 유리한 위치를 차지한다. 근무평정의 권한을 가진 법원장은 일반 판사들에게는 눈치를 봐야 하는 상관인 것이다.

판사들도 생활인이기 때문에 그들이 처한 그런 상황을 이해하지 못하는 바는 아니다. 그러나 판사는 법의 수호자로서의 기본자세를 잃으면 곤란하다. 법관은 자기의 양심에 따라 독립적으로 재판한다고 헌법에까지 규정하고 있지 않은가.

그런데 이번 사건을 통해 법원의 높은 분들이 부하 판사들에 대해 이래라 저래라 '당부'를 하고, 부하 판사들은 그걸 압력으로 인식하는 상황이 벌어지고 있음이 드러났다. 법원장의 이메일을 받은 일부 판사들이 그걸 압력으로 느꼈다고 분명하게 증언하고 있다.

우리 국민이 사법부의 독립과 판사들의 신분을 헌법으로 보장한 데는 사법부가 공정한 재판으로 국민의 권익을 지켜달라는 요구가 전제돼 있다. 사법부가 상하의 조직논리에 집착하면 그런 국민적 요구를 기만하는 결과로 이어질 것이다.

1. 논리적인 글도 재미있게 쓰기
– 스토리텔링

　채점관(독자)에게 점수 따는 메시지 라이팅이 되기 위해서는 글이 재미있어야 한다. 논리와 지식으로만 글을 채우면 결코 좋은 글이 되지 못한다. 남의 지식이 아니라 자신만의 메시지로 글을 시작하는 것이 좋다.

　– 재미있는 아이디어를 맨 앞에 내세워라

　다음은 '초등학생이 인터넷 지식을 베껴서 숙제를 했다면 그것은 표절일까' 라는 주제로 쓴 글이다. 이 논제를 만나면 많은 수험생이 '표절이다' 라고 쓸까, '아니다' 라고 쓸까 방향을 정한 뒤, 그에 맞는 지식과 논리를 가져다 붙이려 할 것이다. 그러나 그렇게 논리로만 일관하면 결코 좋은 글이 나오지 못한다. 적당한 사례도 넣고, 감성적으로도 어필할 수 있는 내용이 담겨야 좋은 글이 완성된다.

 before

오늘날 우리는 정보화 사회를 살고 있다. 정보화 사회는 지식과 정보의 부가가치를 생산하고 전달하며 소비하는 활동이 삶의 중심을 이루는 사회로서 지식이 기반이 되는 사회이다. 가지고 있는 정보의 차이로 인해 빈부격차가 나타날 수 있는 만큼 지식과 정보는 정보화 사회에서 부와 같은 역할을 하기 때문에, 이들의 지적재산권을 지켜주는 법률은 엄격해야 한다. 특히나 다른 사람의 논문 등을 표절하여 사회적 명성을 얻고 상업적인 이익을 챙기는 사람들은 모두 처벌받아 마땅하다.

수십 년 전에는 한 해에 수천 편씩 쏟아지는 논문을 일일이 조사해가며 표절 여부를 가리는 것이 불가능했다. 하지만 오늘날에는 단어, 문장의 유사성으로 표절을 가려내는 '똑똑한' 소프트웨어의 등장으로 표절이 원천적으로 어렵게 되었다. 최근 보도 자료에 따르면 이러한 소프트웨어의 활약으로 국내 학자들의 논문이 단체로 '표절 가능성이 큰 논문'으로 선정되었다고 한다. 또한 새로운 장관 후보로 지명 된 어느 장관 후보자도 논문 표절과 논문 중복게재로 여론의 질타를 받은 적이 있다. 이러한 일련의 사건들의 원인은 어린 나이에서부터 이루어졌어야 할 표절에 대한 교육이 제대로 행해지지 않고 있다는 점과, 우리 사회가 아직 인용한 구절이나 참고한 문헌의 출처를 밝히는 것에 익숙하지 않다는 점에서 찾아볼 수 있다. 또한 표절에 대한 국내 처벌 기준을 강화하고 명확히 함으로써 국제학술회 등에서 표절로 인한 망신을 당하는 일을 미연에 방지할 수 있도록 해야겠다.

그렇다면 과연 초등학생이 과제 해결을 위해 인터넷에 나와 있는 정보를 베껴 숙제를 완성했다면 그것 또한 표절이라고 말할 수 있을까? 만약 출처를 적지 않고 무단으로 정보를 사용했다면 그것은 표절이다. 하지만 그를 법적으로 처벌할 수는 없다. 왜냐하면 그는 단지 과제를 완성하기 위해 개인적으로 정보를 이용한 것일 뿐, 정보의 이용으로 인해 어떠한 이득을 취하거나 영리를 추구한 것이 아니기 때문이다. 이것은 다만 그의 윤리적인 문제와 연결되는 것이지 사회적으로 비난받을 일은 아니다. 우리는 교육을 통해 그에게 앞으로 출처를 정확하게 밝히는 습관을 길러주어 잠재적인 표절을 예방할 수 있도록 해야 한다.

 코멘트

논리의 아귀를 맞추기 위해 노력한 글입니다. '인터넷'에 착안해 정보화 사회로부터 얘기를 풀어나가기로 하고 '오늘날 우리는 정보화 사회를 살고 있다'는 말을 글의 첫머리(리드)로 삼았습니다. 이어서 정보화 사회에서는 지식과 정보가 곧 돈이다, 그러므로 지적재산권을 존중해줘야 한다, 지적재산권을 침해하는 행위는 엄격하게 처벌돼야 한다는 논리로 글의 첫 단락을 완성했습니다. 그것이 다음의 본론을 전개하기 위한 전 단계 즉, 서론인 셈입니다.

고심의 흔적은 보이지만, 너무 딱딱합니다. 지적재산권은 지식과 정보가 곧 돈이 되는 정보화 사회이기 때문에 지켜줘야 하는 것은 아닙니다. 타인의 지적재산은 그것이 돈이 되지 않더라도 반드시 지켜줘야 합니다. 타인의 아이디어를 도용한다든가 하는 행위는 돈이 되고 안 되고를 떠나 비도덕적이고 비양심적인 행위로 비난받거나 처벌받아 마땅한 것입니다. 이는 인간의 기본 양심에 관한 문제요, 당위의 문제입니다. 이 글의 리드는 결국 당연한 말을, 타당하지도 않은 예를 들어서 어렵게 풀어간 셈입니다.

리드(혹은 서론)에서 뭔가 의미 있는 한 마디를 던지려고 고민했는데, 결과를 놓고 보면 별로 신통치 않은 것이 되고 마는 경우가 종종 있습니다. 이 글의 경우 리드 단락 전체를 없애는 편이 차라리 낫습니다. 곧바로 '수십 년 전에는'으로 시작하는 게 훨씬 좋은 리드입니다. 이 글의 필자는 이걸 본론의 시작으로 생각했을 것입니다. 본론 앞에 뭔가 서론이 있어야 한다고 생각해 정보화 사회 얘기를 먼저 꺼냈을 것입니다. 하지만 논술 답안이나 짧은 보고서 같은 글에서는 서론이 없어도 상관없습니다. 길어야 2,000자 내외의 글에서 무슨 서론이 필요하겠습니까. 바로 본론부터 시작해도 충분합니다.

이 글은 초등학생의 인터넷 베끼기 숙제가 표절인지를 논하는 대목에 이르면 논리가 뒤엉키고 있습니다. 인터넷 베끼기가 '윤리적인 문제'라고 하면서도 사회적으로 비난받을 일이 아니라고 하는 것은 앞뒤가 맞지 않는 주장입니다. 윤리적인 문제는 처벌은 하지 않습니다만 사회적 비난은 피할 수 없습니다.

사실, 이 글의 필자가 찾아낸 내용 즉, '똑똑한 소프트웨어 덕분에 표절의 적발이 용이해졌다'는 대목은 '숙제와 표절'을 논하는 데 있어 재미있게 활용할 수 있는 소재입니다. 그것 자체가 좋은 리드가 될 수 있습니다. 이를 활용해 글을 다시 쓰면 다음과 같습니다.

after

단어와 문장의 유사성으로 표절을 가려내는 '똑똑한' 소프트웨어의 활약으로 국내 학자들의 논문이 단체로 '표절 가능성이 큰 논문'으로 선정됐다는 보도를 본 일이 있다.

장관이 바뀌는 개각 때마다 표절 논란이 빚어지는 등 표절이 심각한 사회문제로 떠오른 것이 한국의 현실이다. 날로 똑똑해져 가는 인터넷과 컴퓨터가 한국의 이런 표절 논란에 종지부를 찍는 해결사 역할을 하는 시대가 열릴지도 모르겠다.

하지만 표절과 관련해 현재 인터넷의 역할을 말하라면 표절을 근절하는 수단과는 거리가 멀다. 오히려 표절의 무대가 되고 있다. 그

예로 많은 초중고등학교 학생들이 인터넷에 올라 있는 지식 정보를 그대로 베껴서 숙제를 한다는 것은 모두가 아는 사실이다.

학생들이 인터넷을 베껴 숙제를 하는 것을 표절행위라고 해야 할지에 대해서는 이론이 있을 수 있다. 학교 숙제는 '○○에 대해 조사해 오라'는 식으로 지식탐구를 요구하는 내용이 많다. 학생이기 때문에 모르는 것이 많은 게 당연하고, 그래서 인터넷을 뒤져 '해답'을 찾겠다는 데 무슨 문제될 것이 있느냐고 생각할 수 있다. 또, 학생들에게는 숙제를 제출함으로써 명성을 높인다거나 상업적으로 이용하려는 의도가 없다.

그러나 아무리 숙제라고 해도 원본 출처를 제대로 밝히지 않으면 그것은 표절에 해당한다고 전문가들은 말한다. 숙제는 단순히 지식을 베껴오라는 것이 아니다. 숙제에서 중요한 것은 지식 자체보다 그 지식을 찾기까지의 과정이다. 지식을 찾아가는 과정이야말로 가장 중요한 공부라고 한다. 복잡한 지식 찾기의 과정 없이 인터넷 키워드 하나로 검색한 지식을 그대로 베끼는 행위는 결코 바람직하지 않다. 더욱이 그렇게 베낀 지식을 출처도 없이 '자기 것'처럼 써먹는 행위는 표절 여부를 논할 것도 없이 나쁜 일이다.

인터넷 베끼기 숙제를 완전히 막기는 사실상 힘들다. 그러나 어떤 학생이 인터넷에서 베껴 숙제를 했는지 확인하는 일은 그리 어렵지 않다. 그것 역시 키워드 하나로 조회가 가능하다. 그런데도 학생의 숙제에 대해 그런 확인 작업을 하거나, 이와 관련한 문제점을 지도

하고 있는 학교는 많지 않다고 본다. 베끼더라도 전체를 완전히 베낄 것이 아니라 자기 견해를 한 줄이라도 쓰도록 하고, 베꼈으면 반드시 출처를 밝히도록 지도하는 학교 교육이 필요하다고 생각한다.

- 어색한 스토리를 잘못 내세우면 역효과

다음은 의미와 재미를 동시에 살리는 '야심찬' 리드를 내세웠다가 오히려 실패한 사례이다. 재미도 좋지만, 그것이 글의 전체 맥락에서 자연스럽게 스며들지 못하면 오히려 어색함을 낳게 된다.

before 1

전태일이 생각났다. 요즘 기륭전자 비정규직 사태를 보고 말이다. 다소 과잉된 생각일 수도 있겠다. 하지만 노동자 기본권의 최소만이라도 존중해달라는 외침은 같다. 우리 사회는 기륭전자 비정규직원들이 단식하다 죽음에라도 이르러야 비로소 관심을 가져줄 것인가.

우리 사회에서 비정규직으로 살아간다는 것은 무엇일까? 우리나라 노동자의 약 60%는 비정규직으로 살고 있다. 언제 해고될지 몰라 매일 노심초사하며 지낸다. 불합리한 임금이나 대우를 당해도 말 한마디 뻥긋하기 힘들며, 더군다나 노조, 파업, 이런 것은 꿈도 못 꿀 일이다. 이런 상황에서 최저임금을 못 받는 일도 부지기수이다. 그래도 이 직업이 생명줄이니 먹고 살겠다며 열심히 일하고 매달려도 계약 만료 때 회사 측에서 계약해제통보를 보내면 끝이다. (하략)

 before 2

기륭전자 파업 사태가 1,000일을 넘어섰다.

비정규직 사태는 이렇게 시작되었다. 2005년 7월 기륭전자 비정규직은 회사 측의 부당한 처우에 대응하여 노동조합을 결성하였다. 그러나 비정규직이 불법으로 노동조합으로 결성했기에 사측이 이들을 해고한 것이 발단이 되어 지금까지 3년이 지났다. 지난 6월 7일 양측에서 '자회사에서 1년간 교육 후 정규직 채용'을 하기로 어렵사리 의견을 모았다. 하지만 사측이 협의 도중 금속노조가 개입됐다며 거부하자 지난 6월 11일부터 단식농성이 시작됐다.

그렇다면 기륭전자 비정규직은 단식농성을 하면서까지 왜 투쟁하는 것일까. 이들이 기륭전자에서 일할 때 평균임금에 미치지 못하는 한 달 60만원을 받았다. (중략)

기륭전자 비정규직 사태를 보고 있자면, 1970년 노동자의 기본 생존권을 외치며 자신을 불태웠던 전태일이 떠오른다. 40년 가까이 지난 지금 우리 사회에서 노동현실은 별반 달라지지 않은 것 같다. 적

어도 임금과 노동기본권이 보장되지 못하는 현실에서 말이다. (중략)

기륭전자 파업 사태는 우리사회의 비정규직 문제에 비로소 사람들 이목을 향하게 하였다. 이들의 열악한 근로 환경은 비단 기륭전자 한 회사뿐이 아닌 오늘날 우리 비정규직 현실을 그대로 보여주는 것과도 같다. 우리나라 전체 노동자의 54%를 차지하는 것이 비정규직인데, 차지하는 수에 비해 비정규직 문제가 덜 논의되고 덜 회자된 것도 사실이다. 이제는 이 문제에 대해 사회적으로 더 활발히 논의되고, 사측과 노동자 측의 생각을 맞대어 해결점을 도출해야 할 것이다.

우선 회사 측에서는 정규직 채용을 서서히 늘려나가야 할 것이다. 비정규직을 정규직으로 전환되어 생기는 이익도 고려할 필요가 있다. 비정규직을 늘려 임금삭감을 통해 이익을 창출하는 단기이익은 얼마가지 못한다. 대신 비정규직을 정규직으로 점차 전환시켜, 고용안정을 통한 생산력이 증대되는 장기이익을 회사는 생각할 필요가 있다.

그리고 정부의 노력도 필요하다. 정부는 이 문제에 대해 방관자 노릇에 그치는 듯하다. 어떻게 개선할 것인가에 대한 고민도 없는 듯하다. 예를 들어 정규직 고용을 늘리는 기업에 대한 보조금 확대를 생각해본다거나, 논란이 많은 비정규직 보호법을 좀 더 비정규직 입장을 고려하여 다시 개편하는 일등을 고려해보는 것이다.

우리 사회에서 비정규직과 관련된 문제는 넓고 깊지만 이제야 수

면에 떠올라 주목받고 있다. 비정규직 문제는 앞으로 풀어나가야 할 문제도, 풀어나가면서 그에 수반하는 고통도 매우 클 것이다. 그러나 이를 좌시한다면 우리 사회에 병은 계속 깊어질 것이다. 이미 곪고 있는 병을 계속 삭히고 덮어둔다고 나아지지 않는다.

 코멘트

이 글은 2008년 10월에 대학생이 쓴 것입니다. before1의 문제점을 지적 받은 뒤 다시 쓴 글이 before2입니다. before1에서는 우선 리드의 문제가 지적됐습니다. 첫 문장, '전태일이 생각났다'는 문장을 씀으로 해서 평소 필자가 기륭전자 비정규직 문제에 대해 비정규직 노동자의 입장에서 생각해 왔고, 충분히 공감하고 있다는 사실을 보여줍니다. 하지만 '전태일'을 거론하려면 그 관련 사항을 최소한은 설명해 줘야 합니다. 1970년대 서울 청계천 영세봉제공장의 노동자였던 전태일이 노동자의 생존권을 외치며 분신자살한 사건은 많은 사람들이 알고 있지만 모르는 사람들도 있기 때문입니다. 또 '전태일'로 대표되는 일련의 사안 중 이 글에서 인용하고 싶은 것은 어떤 부분인지를 밝히기 위해서라도 한 줄 정도는 언급하는 게 좋습니다.

이 글을 쓴 학생은 기륭전자 비정규직과 전태일의 비교가 다소 무리한 부분이 있다고 생각했는지 바로 뒤에 '다소 과잉된 생각인지도 모른다'는 말을 덧붙였습니다. 그러다 보니 리드가 복잡해지고 문장도 어색해졌습니다. '기본권의 최소만이라도 존중해 달라'는 대목은 '최소한의 기본권만이라도 존중해 달라'고 써야 자연스런 표현이 됩니다. 이 학생은 '우리사회는 (비정규직이) 죽음에라도 이르러야 비로소 관심을 가져줄 것인가'라고 사회 전체를 향해 돌을 던졌습니다. 어떤 문제를 놓고 사회 전체를 탓하는 행위는 지극히 위험하다고 할 수 있습니다. 세상에 묻혀 사는 다른 많은 사람들도 이 학생과 비슷한 고민을 하고 있을지 모릅니다. 그중에는 비정규직을 돕기 위해 노력 봉사나 금전기부와 같은 관심표시를 하는 사람도 있을 수 있습니다. 사회 전체를 비난하는 것은 이들까지 싸잡아 비난하는 것이나 마찬가지입니다.

'전태일이 생각난다'라고 시작되는 리드 단락이 필자는 '멋있다'고 생각할지 모르지만, 위와 같은 문제들이 지적될 수 있으니 다시 써 보라고 해서 쓴 결과가 before2인데 이 또한 문제입니다. 적당한 리드가 생각나지 않으면 차라리 본론부터 직접 시작하는 편이 낫습니다. 기룡전자사태의 개요를 대강은 설명해 줘야 독자에게 친절한 글이 된다는 지적을 유념한 듯합니다. before2는 기룡전자사태가 무엇인지 설명하는 내용으로 리드를 시작하고 있습니다. 그러나 결과는 리드가 너무 장황해졌습니다. 첫 문장에는 '기룡전자 파업사태가 1,000일을 넘었다'고 돼 있는데 뒤에 보면 '해고한 것이 발단이 되어 지금까지 3년이 넘었다'는 말이 또 나오는 등 같은 말이 중첩되고 있습니다.

리드를 제대로 쓰기가 결코 쉽지만은 않은 모양입니다. 사실, 이 글의 필자는 리드뿐만 아니라 문장표현이 전체적으로 서툽니다. 의욕은 앞서나 글이 안 따라가는 격입니다. 이 학생과 같은 초보자는 '독자편지' 같은 주변에서 체험한 일을 짧은 글로 표현하는 것부터 연습하라고 권하고 싶습니다. 개념으로만 아는 사안, 이론으로만 배운 사안에 대해 장중한 글쓰기를 시도하기보다는 자신의 주변 얘기부터 글로 써보는 게 초보자에게는 역시 유용합니다.

지적할 게 너무 많아서 이 글의 다른 문제점에 대한 코멘트는 생략합니다. 아무리 비정규직의 입장을 이해하는 관점에서 글을 쓰더라도 기업이나 정부 측이 말하는 '반대논리'도 알고 있다는 점을 표시해줘야 글이 보다 설득력을 갖게 된다는 점을 고려해 다음과 같이 고쳐 봤습니다.

after

기륭전자 비정규직 사태를 보고 있자면, 1970년 노동자의 기본생존권을 외치며 자신을 불태웠던 전태일이 떠오른다. 그로부터 40년이 지났지만 우리 사회에는 여전히 70년대와 별반 다르지 않은 열악한 상황에 처한 노동자들이 존재한다.

기륭전자 사태는 2005년 7월 비정규직들이 열악한 근로조건에 항의하며 노동조합을 결성한 데 대해 회사 측이 불법 노조라며 해고로 맞선 사건이 발단이 돼 파업농성, 직장폐쇄의 강경대치가 지금까지 계속되고 있다.

사측과 정부는 비정규직의 노동조합 결성이 불법이라는 점을 들어 노동자의 불법행위에 대해서는 타협할 수 없다며 강경 대응으로 일관하고 있다. 그러나 기륭전자 비정규직 사태는 법 논리만으로 설명할 수 없는 복잡한 배경을 갖고 있다. 파업사태 이전 기륭전자 비정규직들은 정규직과 똑같은 일을 하면서도 최저임금에도 못 미치는, 60만 원의 월급밖에 받지 못했다. 어쩌다 불만을 제기하면 바로 해고였고, 정규직으로의 전환은 꿈도 꾸지 못하는 상황이었다고 한다.

기륭전자 사태는 인간으로서 생존하기 위한 최소한의 권리를 보장해달라는 단순한 요구, 그 이상도 이하도 아니다. 번듯한 대기업이나 공기업의 정규직 노동자들이 더 많이 받기 위해 벌이는 파업과는 근본적으로 그 성격이 다르다. 따라서 기륭전자 사태는 일반적인 노사문제로 봐서는 곤란하다.

비정규직 문제는 기륭전자라는 특정 사업장에 국한된 문제도 아니다. 우리나라 전체 노동자 중 비정규직의 비율은 54%에 달한다. 한국 노동자의 반 이상이 차별받고 저임금에 시달리고 있다는 점에서 기륭전자 비정규직의 문제는 사실상 우리사회 전체의 문제라고 해도 과언이 아니다.

노동자와 사용자 및 정부를 망라하는, 국가적 차원의 논의와 대책 마련을 서둘러야 한다. 물론, 비정규직 문제를 해결하기 위해서는 여러 난제를 넘어야 할 것이다.

비정규직의 정규직화를 강제하면 당장 도산할 기업이 나오는 동시에 기업이 고용을 줄여 오히려 실업문제를 심화시킬 것이라는 주장도 이해 못하는 바는 아니다. 하지만 그렇다고 비정규직 문제를 이

대로 계속 방치할 수는 없는 일이다. 지금부터라도 동일직종 임금차별 금지라는, 기존의 관계법 조항이라도 철저하게 적용해야 한다.

정규직 고용을 늘리는 기업에 대한 정부 보조금 확대도 적극적으로 검토해야 한다. 기업은 임금을 조금 더 주더라도 노동자에 대해 정규직 대접을 해주는 편이 생산성 향상으로 이어져 결국 기업에도 이익이 된다는 평범한 진실을 깨달아야 한다. 노동조합도 정규직의 이익만 챙길 게 아니라 비정규직의 고충을 염두에 둔 활동을 펼 필요가 있을 것이다.

어떤 것이든 적지 않은 돈이 들 수밖에 없다. 그러나 그 돈은 우리가 공동체를 유지하며 미래로 나아가기 위해 반드시 치러야 할 비용이다. 비인간적 처우에 시달리는 비정규직의 고통은 한국이라는 공동체를 위협할 수준에까지 와 있다는 사실을 깊이 인식해야 한다.

- 논리 없이 글 전체를 스토리로 채워도 좋다

스토리만으로 글의 대부분을 채우는 방식도 나쁘지는 않다. 단, 그 스토리가 지속적으로 주제와 관련이 될 때에 성립이 가능하다. 특히 요구되는 글이 논술이 아닌 작문일 때는 당연히 스토리텔링 위주로 글을 작성하는 것이 좋다. 아이디어만 좋다면 논술의 경우도 글 전체를 스토리로 채워도 무방하다. 꼭 논제에 집착할 필요가 없다는 말이다. 아이디어가 반짝이는 글은 그것 자체로 높은 점수를 받게 된다.

다음은 '평상심'이라는 논제로 어느 여학생이 쓴 입사시험 '작문'이다. 이 논제는 어느 언론사 시험에 실제로 출제되었던 것이다. 글이 매끄럽지는 못하지만 읽기에는 부족함이 없다.

before

　하악하악 숨이 가빠지기 시작했다. 더운 여름, 땀의 소리인지 아니면 그를 만난 설레임 때문이었는지 기억나지 않지 않는다.
　그를 만난 건 더위가 푹푹 찌던 여름이었다. 그는 좀처럼 성을 내는 법이 없었다. 더운 여름 매운 음식에 연신 땀을 흘리면서 가끔씩 새어나오는 신음소리만이 들릴 뿐이었다. 자신만의 세상 속에서 필요할 때마다 자신을 내보이는 그의 모습이 좋았다. 나는 그가 부러웠다. 언제나 마음에 평안을 누리는 듯한 그의 평상심을 사랑했다. 남들에게 끓어오르는 모든 것들도 그 안에서는 숨을 죽였다.
　그는 나 아닌 타인을 위해 자신을 불태울 수 있는 나의 열정을 사랑한다고 했다. 진심으로 부럽다 했다. 그의 칭찬에 나는 기분이 좋앉다. 내가 가진 열정을 보여주는 것이 그에게 잘 보이는 법이라고 여겼다.

우리는 서로에게 무미건조한 날들의 파격적인 에너지원인 듯싶었다. 하지만 어느 순간부터 나의 모든 것을 다 바쳤던 나의 모든 것들이 그 안에서 속절없이 열기를 잃어갔다. 나는 서서히 지쳐가기 시작했다. 그의 안에서 사는 동안 나라는 존재가 사라져 가는 것 같아서 두려웠다. 고요한 숲 안에서 정신없이 지내던 나는 아무도 살지 않는 어두운 그곳이 점점 무서워졌다. 아무도 찾아오지 않는 그 숲속에서 나는 그도 없는 혼자였다. 그는 내 얘기를 듣고는 있는 것인가. 나로 인해 단 한순간만이라도 그의 마음이 발갛게 달아오를 수는 없는 것인가. 이미 너무 익숙해져버려서 할 수 없다는 것이 그의 한마디였다. 하지만 그 한결같은 한마디가 나에게 상처를 줬다. 이제 나도 알았다 내가 그를 바꿀 수 없다는 걸.

계절이 4번 바뀌고 시간이 지날수록 우리는 서로에게 상처만을 줄 뿐이라는 것을 인정하고 있었다. 언젠가 찾아올 이별을 기다리는 내 마음을 그는 알까. 그 날짜를 조금이라도 늦추고 싶어서 노력하는 나와 달리 이별의 순간조차 조금도 달아오르지 않은 그의 목소리가 나를 얼마나 아프게 만들었는지 그걸 생각할 시간이 그에게 있기는 했을까.

나의 뜨거움과 그의 평온함은 처음부터 맞지 않았다. 나의 뜨거움을 무의미하게 만들어 버리는 그의 잔잔한 마음이 나는 도무지 견딜

수가 없었다. 내가 조금 더 독하게 냉동이 되면 나는 그를 이해 할 수 있을까. 답도 없는 끝없는 질문 속에 내 마음은 또 다시 불타오르고 있다.

 코 멘 트

이 글은 체험담 같아서 읽는 재미가 있습니다. 채점관의 시선을 확실히 끌 것입니다.

그러나 결론에서 의미부여가 제대로 되지 않았습니다. 결론부에 적당한 의미를 부여한다면 채점관들은 이게 개인적 체험담인가, 작문을 위해 쓴 픽션인가 궁금해 하면서 흥미 있게 끝까지 읽어 보고 높은 점수를 줄 것입니다. 물론 문장도 더 다듬어야 합니다. 문장을 다듬고, 의미를 부여해서 다음과 같이 고쳐 봤습니다.

 after

하악하악 숨이 가빠지기 시작했다. 더위 때문이었는지 그를 만난다는 설렘 때문이었는지 기억나지는 않지만, 그때 내가 숨가빠 했던 것은 틀림없다.

그를 만난 때는 푹푹 찌던 여름이었다. 그는 좀처럼 감정을 드러내는 법이 없었다. 화를 내는 모습도, 크게 웃는 모습도 본 적이 없다. 그의 입에서는 언제나 '올바른 언어'만 흘러나왔다. 더운 여름 매운 음식에 연신 땀을 흘릴 때 새어나오는 신음소리만이 그가 내뱉는 유일한 잡음이었다.

탄탄한 자신만의 세상을 구축하고 꼭 필요할 때에만 자신을 표현하는 그의 이지적 모습이 좋았다. 변덕이 죽 끓는 듯 하다는 말을 들을 정도로 감정적인 성격을 가진 나로서는 그의 그 이지적 모습이 부러웠다. 어떻게 하면 그처럼 언제나 마음의 평온을 유지할 수 있을까. 나는 그의 평상심을 사랑했다.

그는 타인을 위해 자신을 불태울 수 있는 나의 열정을 사랑한다고 했다. 진심으로 부럽다고도 했다. 그의 칭찬에 나는 기분이 좋았다. 내가 가진 열정을 보여주는 것이 그에게 잘 보이는 길이라고 여겼다.

우리는 이렇게 서로에게 보완적인 에너지원이 돼 주었다. 각자 무미건조하게 보낸 지난날들을 보상이라도 하듯이 서로에게서 에너지를 끌어냈다.

하지만 어느 순간부터 열기가 사라지기 시작했다. 나로부터 끓어오르는 모든 것들은 그에게 가서는 숨을 죽였다. 나는 열기를 잃어갔다. 나는 서서히 지쳐 갔다. 그의 안에서 나라는 존재가 사라져 가는 듯했다. 모든 것을 삼켜 버릴 듯이 광대하고도 고요한 숲의 평온함이 어느 날 두려움으로 바뀌기 시작했다. 아무도 살지 않는 그 숲에서 나는 혼자였다. 그 숲에는 심지어 그도 살지 않았다.

　그는 내 얘기를 듣고는 있는 것인가. 나로 인해 단 한순간만이라도 그의 마음이 발갛게 달아오를 수는 없는 것인가. 이미 너무 익숙해져 버려서 그렇게 달아오를 수는 없다는 한마디가 전부였다. 이제 나도 안다. 내가 그를 바꿀 수 없다는 걸.

　계절이 4번 바뀌고 시간이 지나면서 우리는 서로에게 상처만을 줄 뿐이라는 사실을 인정하고 있었다. 언젠가 찾아올 이별을 기다리던 내 마음을 그는 알까. 그 날짜를 조금이라도 늦추고 싶어서 노력했던 나와 달리 이별의 순간조차 무표정했던 그의 모습이 나를 얼마나 아프게 했는지. 그걸 생각할 시간이 그에게 있기는 했을까.

　나의 뜨거움과 그의 평온함은 처음부터 맞지 않았다. 나의 뜨거움을 무의미하게 만들어 버리는 그의 잔잔한 마음을 나는 도무지 견딜 수가 없었다. 나도 평상심을 갖게 되면 그를 이해할 수 있을까.

　아마도 영원히 이해하지 못할 것 같다. 평상심은 아무나 터득하는 게 아니니까. 그건 나로서는 일종의 따먹지 못할 포도다. 틀림없이 '신 포도'일 것이다. 그래, 그렇게 자기합리화하면서 사는 것이지….

　생각해 보면 언제나 평상심을 유지하는 사람, 그리고 그런 사람들만 모여 사는 사회는 실제로도 '신 포도'일 듯싶다. 적어도 나는 그런 숨 막히는 세상에 살고 싶지는 않다. 생각해 보면 얼마나 끔찍하겠는가. 기분이 좋으면 좋다고 표현하고, 화가 나면 날뛰기도 하고,

슬프면 눈물도 흘릴 줄 아는, 단점 많고 부족한 사람들이 모여 살 때 살맛이 나는 것 아닌가.

평상심은 인생에서 반드시 갖춰야 할, 유익한 덕목이라고 누가 말한다면 나는 이렇게 대꾸하겠다. "당신에겐 유익한지 몰라도 타인에겐 악덕惡德이 될 수 있다." 그렇다. 당신이 평상심에 도달하면 당신의 주변 사람들은 그 평상심 때문에 질려 나가게 될 것이다. 그때 과연 당신 혼자만 유유자적할 수 있을까? 그렇다면 당신은 냉혈한이거나 휴머니즘을 모르는 사람일 것이라고 나는 단언한다.

나는 나대로 살련다. 이제 다시 내 본연의 모습을 찾아 마음을 불태워야겠다.

— 예화와 비유를 적절하게 활용하기

남에게 자신의 주장을 얘기할 때 자신이 직접 체험한 실제 사례를 들어주면 훨씬 설득력 있고 재미있어진다. 그 '실제 사례'는 자신이 몸소 체험한 것일 수도 있고, 신문에서 본 것일 수도 있고, 친구가 전한 경험담일 수도 있다. 거창한 경험담이 아니어도 좋다. 자신의 메시지를 전달하는 데 도움이 되는 사례들을 떠올리고, 그것을 글에 적절하게 넣어 보자. 다음은 2008년 멜라민 파동을 소재로, 식품안전 문제에 대해 대학생이 쓴 글의 원본과 수정본이다. 신문에서 읽은 기사 하나를 적절하게 인용함으로써 글이 얼마나 좋아질 수 있는지를 알 수 있다.

before

현재 우리나라에서 가장 논란이 되고 있는 문제 중 하나를 꼽자면 '멜라민 파동'을 들 수 있다. 멜라민이란, 암모니아와 탄산가스로 합성된 요소비료를 가열하여 생산된 공업용 화학물질로 접착제, 플라스틱, 염료 등의 원료로 사용되고 있다. 멜라민이 가지고 있는 독성은 크게 두 가지로 분류될 수 있다. 멜라민을 피부나 눈에 접촉하거나 섭취 시 염증이 생기는 등 자극성을 보이는 급성독성과, 소화할 경우 방광암과 방광·신장결석 등의 손상을 일으킬 수 있는 만성독성이 바로 그것이다. 만약 멜라민을 섭취할 경우 요로결석과 급성신부전 등 신장계통 질환이 발생할 가능성이 있다.

멜라민 파동은 중국에서 처음 시작되었다. 중국의 분유제조 업체가 대만에 판매한 다량의 분유에서 멜라민이 검출되면서 '멜라민 분유' 파문이 확산되었으며, 분유 뿐 아니라 중국에서 만든 밀크티, 인스턴트 커피 등 각종 식품에서 멜라민 검출이 잇따르고 있다.

우리나라에도 그 파동이 확산되고 있다. 중국에서 OEM(주문자상표부착방식)으로 제조된 해태제과의 쌀과자 등 2건의 수입과자에서 멜라민이 검출되면서 중국산 식품수입이 잠정 중단되었지만, 중국발 멜라민 공포는 국내 가공식품 전반으로 확산될 전망이다. 또한 한국 식약청은 멜라민 의심식품 305가지를 공개하기도 했다.

이같이 먹을거리가 논란이 된 경우는 이번이 처음이 아니다. 약 4년 전에는 '쓰레기 만두 파동'이 있었고, 굳이 멀리서 찾지 않더라도 최근에 농심 새우깡에서 생쥐머리로 추정되는 이물질이 발견되어 새우깡이 생쥐깡으로 불렸던 사건이 있다. 또 우리는 이렇게 크게 불거진 사건이 아니더라도 심심치 않게 음식물 속에 이물질이 발견되었다는 기사를 접할 수 있다.

그렇다면 왜 한번 발생했던 먹을거리 문제는 비슷한 패턴으로 계속 발생하는 것일까. 그 이유는 크게 두 가지로 들 수 있다. 첫째는 정부의 허술한 검역체계이고, 둘째는 기업인들 혹은 생산자들의 윤리의식 부재이다. 멜라민 파동의 경우 정부가 검역체계를 정밀하게 구성하였다면 사전에 이 파동을 방지할 수도 있었다. 그러나 이보다 더 문제가 되고 있는 것은 두 번째 이유이다. 왜냐하면 이것이 문제의 본질에 더 가깝게 접근할 수 있게 하기 때문이다. 만약 기업인들의 윤리의식이 제대로 잡혀있었다면, 이런 문제가 발생할 자그마한 불씨조차 생기지 않았을 것이다.

자본주의 사회에서 모든 기업인들의 목표는 보다 적은 자본을 투자해서 보다 많은 이익을 창출해내는 것이다. 이번 멜라민 파동에서도 기업인은 원가를 절감하기 위해 멜라민을 넣고 칼슘수치를 맞추었다. 윤리의식이 부재한 그들이 행한 일로 자신들의 이익은 극대화할 수 있었을지는 모르나, 그것은 다른 사람들의 목숨을 위협하는 행위였다.

자본주의 논리 속에서 기업인들의 윤리의식이 사라지고 있는 것은 어쩔 수 없는 당연한 결과일까. 그렇다면 기업인의 윤리의식 부재 속에서 소비자들은 자신의 현명한 판단에만 의지해야 할까. 흔히 음식문제에 관해서는 소비자들의 현명한 판단을 요구하기도 한다. 그러나 원산지와 표기함량을 속이는 기업인들이 있는 한 소비자들의 현명한 선택은 무용지물이 될 수밖에 없다.

그렇다면 정부가 강력한 규제를 하고, 기업인들에게는 윤리의식의 제고를 호소하는 수밖에 없을까. 정부의 법적인 강력한 규제는 당연히 필요하다. 또 기업인들의 윤리의식을 제고시키는 것도 하나의 방법이 될 수 있다. 그러나 자본주의 논리가 지배하고 있는 사회에서 무작정 윤리를 요구하고 감정에 호소하는 방법이 효과를 발휘할 수 있을까? 그 전에 기업인들은 자신들의 깨끗함과 투명성 즉, 윤리의식으로 얻는 소비자들의 신뢰가 바로 이익창출의 지름길임을 스스로 느껴야 할 것이다.

 코멘트

한마디로 결론이 '엉터리' 입니다. 소비자의 현명한 판단이 필요하다고 쓰자니 그게 아무래도 한계가 있다고 생각됐던 모양입니다. 정부의 강력한 규제와 기업의 윤리의식 제고가 필요하다고 쓰려고 하니 그것도 별로 효과적인 방안이 아닌 듯싶어 결국 스스로 헷갈리고 있다는 사실이 결론 부분에 여실히 드러나고 있습니다. 마지막으로 생각한 결론이 기업은 투명성과 윤리가 이익창출의 지름길임을 알아야 한다는 말입니다만 그것 또한 공허한 소리이긴 마찬가지죠.

모든 기업이 윤리적이길 바라는 것은 현실적으로 무리입니다. 기업은 이익의 극대화라는 목표를 향해 움직이는 조직이니까요. 그렇기 때문에 기업에 최소한의 윤리를 지키도록 강제하는 여러 방안이 강구되고 있는 것입니다. 법규정을 강화하거나 기업에 윤리의식을 갖도록 촉구하는 캠페인이 바로 그 예입니다. 문제는 그건 누구나 아는 해법이라는 것입니다. 즉, '배고프면 밥 먹는다' 라는 식의 당연한 얘기라는 겁니다. 그러나 식품안전의 문제를 쓰려면 정부의 철저한 단속과 기업의 투명성을 요구하지 않을 수 없게 됩니다. 상투적인 줄 이미 알고 있으면서도 말이죠. 이런 경우는 결론에 상투적이지 않은 '+α' 을 부가하는 방법을 써 보면 좋습니다. 그것이 무엇이 됐든, 남들이 고개를 끄덕일 수 있는 필자만의 대처방안이 하나는 포함돼야 글이 가치가 있어지겠죠.

멜라민이 어떤 것이고, 그 파동이 어떻게 확대됐는지는 자세하게 쓸 필요가 없습니다. 신문에 이미 보도돼 대부분의 사람들이 아는 사실을 장황하게 나열하면 글이 지루해질 뿐입니다.

　같은 식품파동이라고 해도 수입산과 국내산은 그 원인과 처방이 다를 수 있습니다. 중국산을 문제 삼을 경우, 한국의 필자가 중국의 제조업자를 향해 '양심을 지켜라'고 주장하는 것은 허공에 대고 주먹질하는 꼴일 수 있습니다. 그런 공허하고 상투적인 결론을 내세우면 글을 읽는 독자가 아무 느낌도 못 받을 것입니다. 그보다는 한국 수입업자의 문제를 지적하는 편이 보다 현실적이고 설득력이 있어 보입니다.

　한편, 국내산 식품에 대해서는 제조업자들의 문제를 거론하는 편이 보다 현실적일 수 있고요. 이 글에서처럼 중국산과 국내산의 문제를 뒤섞어서 얘기하면 글이 우스워질 수 있습니다. 이 경우는 차라리 중국산 수입식품의 문제에 초점을 맞춰서 쓰는 편이 나을 듯합니다.

　4년 전 쓰레기 만두 사건은 사회적으로는 엄청난 논란이 됐지만 나중에 그것이 쓰레기 만두가 아니라는 사실이 밝혀졌던 사건입니다. 그걸 여기서 다루는 것은 적절치 않습니다.

after

　다량 섭취하면 신장결석 등의 질환을 일으키고 심하면 사망에 이르게 한다는 독성물질인 멜라민을 함유한 중국산 수입 유제품이 파문을 일으키고 있다.

중국산 수입식품의 문제는 이번이 처음이 아니다. 지난해에는 중국 현지 공장에서 제조한 새우깡에서 생쥐머리로 추정되는 이물질이 발견돼 소동을 빚은 바 있다. 그 이전에도 납이 든 중국산 생선, 불량 중국산 김치 등의 문제가 불거졌었다.

중국산 수입식품의 문제가 터질 때마다 제기되는 지적이지만 과연 수입식품의 검역을 책임지고 있는 보건위생당국은 무엇을 하고 있는지 묻지 않을 수 없다. 멜라민 파동과 관련해서도 식품의약품안전청의 늑장 대처가 논란이 되고 있다. 식약청은 언론이 특정식품의 멜라민 함유 의혹을 제기한 이후 뒤늦게 이 식품에서 멜라민이 검출됐다고 발표하기도 했다.

허술한 원산지 표시 문제도 또다시 도마에 오르고 있다. 중국산 멜라민 유제품을 원료로 쓴 국산 가공식품의 경우, 그 원료의 산지를 '수입산'으로만 표시했다고 한다. 소비자의 입장에서는 어느 나라에서 수입했다는 것인지 알 길이 없다. 정부는 미국산 쇠고기 파동과 관련해 원산지 표시 제도를 대폭 강화하겠다고 언명한 바 있다. 차제에 가공식품의 수입 원료에까지 철저하게 원산지 표시를 하도록 해야 할 것이다.

외국산 저질식품을 수입하는 업자들의 문제도 반드시 지적돼야 한다. * 얼마 전 한 신문에서 한국 수입업자들의 문제를 단적으로 보여주는 독자투고를 본 일이 있다. 고춧가루를 생산해 일본에 수출하는 중국의 한 공장에 가 보니, 상상을 초월할 정도로 깨끗하고 위생적이었다고 한다. 일본의 수입업자들이 수시로 공장의 생산 과정을 점검하고 있었다고 한다. 이 공장은 한국에도 '다대기' 제품을 수출하고 있었는데, 그 생산 공정에 가 보니 원료는 조악하고 공정은 더럽기 그지없었다고 한다. 중국인 공장 관계자는 "한국 업자들은 무조건 싼 것만 찾기 때문에 이렇게 하지 않으면 채산이 안 맞는다."고 했다는 것이다.

많은 한국인이 '중국산은 역시 문제야'라고 중국을 탓하지만 실상은 한국 수입업자들의 문제가 더 클 수도 있음을 단적으로 보여주는 사례다. 이런 악덕 수입업자들이 시장에서 퇴출되도록 정부가 수입업자들에 대한 철저한 관리에 나서야 할 것이다.

나아가 한국의 소비자들도 이제는 무조건 싼 것만 찾는 소비습관을 재고할 때가 됐다고 생각한다. 물건이 싼 데는 다 이유가 있기 마련이다. 돈을 조금 더 지출해도 질 좋은 것을 사는 편이 실질적으로는 이득이 될 수 있다. 소비자가 질을 따지기 시작하면 외국을 돌아다니며 싸면서 저질인 제품만 찾는 수입업자, 저질 외국산 수입품도 자연스럽게 퇴출될 것이다.

＊표 부분은 수정자가 새롭게 인용한 것.

- 구체적 대안 제시하기(결론에도 예시가 필요하다)

2008년 가을, 한 대학에서 글쓰기를 지도하면서 각자 자유롭게 주제를 선택해 논설문 형식의 글을 써 오라고 했다.

늘어나는 자살, 비정규직 문제, 그린벨트 해제 논란, 멜라민 파동, 방송사 사장의 중도 하차와 정부의 압력 논란 등 다양한 주제의 글이 제출됐다. 놀랍게도 이 모든 글의 결론은 같았다. 문제를 정부가 해결해야 한다는 내용이다.

자살이 사회적 책임인 만큼 그 예방을 위한 교육 등에 정부가 과감하게 더 많은 예산을 배정해야 한다, 비정규직 문제 해결을 위해 비정규직을 정규직으로 전환하는 기업에 대해 보조금을 확대해야 한다, 그린벨트 해제에 대한 비판을 수용해 장기적인 대안을 내놓아야 한다, 멜라민과 같은 위해한 중국산 저질식품 수입을 차단하기 위해 정부는 강력하게 단속하고 기업은 윤리의식을 높여야 한다, 방송사 사장을 중도 사퇴시킨 사건은 정부의 언론장악 의도를 드러낸 것이니 철회돼야 한다는 등의 내용이다.

정부는 사회적 이슈가 되는 많은 문제에 대해 책임을 지고 해결책을 강구해야 할 의무가 있을 것이다. 하지만 정부가 만능은 아니다. 재원은 한정돼 있고 예산을 필요로 하는 곳은 많다. 각 부문에서 제기되는 요구를 다 들어주려면 예산을 몇 배로 늘려도 모자랄 것이다. 정부 예산을 늘린다는 것은 그만큼 세금을 더 걷어야 한다는 사실을 의미하기도 한다. 그러나 세금을 늘리면 좋아할 사람이 누가 있겠는가.

 그렇기 때문에 정부가 나서서 해결하라, 예산을 더 배정하라는 주장은 타당한 요구라 하더라도 실질적으로는 공허한 주장에 불과하다고 할 수 있다. 정부가 책임지라는, 누구나 할 수 있는 주장을 결론으로 제시하면 상투적으로 보이고 설득력이 떨어진다. 불가피하게 정부에 해결책 마련을 촉구하는 내용으로 결론을 맺더라도 '무조건 해결하라' 보다는, 구체적이고 현실적인 대안을 하나쯤은 거론해 주는 것이 좋다.

 예를 들면, 자살과 관련한 글에서 '정부는 자살 예방교육에 더 많은 예산을 배정하라' 는 결론에 하나만 더 추가해 보자. "(정부는 학교나 사회단체들의 자살 예방교육 활동을 적극적으로 지원하도록 과감하게 더 많은 예산을 투입해야 한다) + 한국에서 자살은 소년소녀가장, 독거노인 등 생활고에서 기인하는 경우가 적지 않다. 이들의 자살을 예방하기 위해 정부는 사회복지사를 확충하고 영세민 가정에 대한 방문활동을 강화하는 등의 대책을 강구해야 한다. 이는 행정전산화 등으로 발생하는 공무원 유휴인력을 전배하는 등의 방식을 도입하면 큰 예산을 들이지 않고도 시행할 수 있다고 본다."

　정부의 대책을 촉구하는 내용이라는 점에서는 똑같다. 그러나 막연히 자살예방교육을 확대하라는 주장이 아니라 '사회복지사의 가정방문을 확대하고' '행정전산화에 따라 발생하는 공무원 유휴인력을 자살예방활동에 전배하는 방식을 강구하라' 는 대안이 추가됨으로써 이전 글보다 훨씬 구체적인 느낌을 준다. 이렇게 거론한 대안이 실제적으로 채택 가능한 방안인지, 자살예방에 효과를 줄 수 있는지는 별개의 문제다. 그러나 적어도 글쓰기의 완성도라는 측면에서 본다면, 글쓴이가 글의 주제에 대해 좀 더 많이 고민했다는 점이 부각되면서 높은 평가를 얻을 가능성이 크다.

　비정규직 문제에 대해서는 수많은 전문가와 정부, 노조, 사용자 등 관계자들이 여러 해 동안 토론과 논쟁을 벌였지만 각자의 입장이 엇갈리고 국가 전체의 일자리와도 직결되는 문제여서 뚜렷한 대책을 찾지 못하고 있다. 경쟁국에 비해 임금이 높고 노동조합이 강해 기업을 운영하기 힘든 것이 한국의 현실인데 비정규직까지 임금을 올리고 정규직화하라고 하면 더 이상 한국에서 기업하기 힘들다는 기업 및 정부의 입장도 일리가 있다. 반면, 적어도 노동자의 생존권은 보장해줘야 한다, 동일한 일을 하면서도 오로지 비정규직이라는 이유로 정규직에 비해 임금을 반밖에 못 받는 차별대우는 해소해 줘야 한다는 등의 비정규직의 목소리도 옳다.

　이 문제는 일도양단一刀兩斷 식으로 결론을 제시하기가 쉽지 않다. 그래서 이 경우 어느 한쪽에서 막무가내로 지금 당장 해법을 내놓으라고 주장하기보다는 '최소한 동일노동 동일임금의 원칙을 규정한 현재의 관계법규만이라도 엄격하게 적용하라'는 식의 단계적 방안을 결론으로 제시하는 것이 한 방법이다. 양자의 입장 중 어느 한쪽을 옹호하는 방향으로 결론을 써야겠다면 이 문제가 양면성이 있으며, 다른 쪽의 주장도 이해하고는 있다는 점을 표시해 주는 편이 좋다. 그렇지 않고 처음부터 끝까지 한쪽의 주장만 일방적으로 쓴다면 편협한 사고를 갖고 있는 사람이라는 인상을 줄 수 있다.

　다음은 자살에 대한 사회적 대책이 필요하다는 주제로 쓴 글이다. 학생이 쓴 원본은 자살이 개인의 문제가 아니라 사회 병리인 만큼 정부가 나서서 대책을 세워야 한다는 내용이다. 문제는 이것이 전혀 새롭지 않은 '당연한 주장'이라는 점이다. 그렇다면 당연한 주장을 소개만 할 것이 아니라, 어떻게 대책을 세울 것인지 현실적인 대안을 하나쯤 궁리해서 제시해 줘야만 글이 설득력을 갖게 된다.

before

최근 한 연예인의 자살로 우리 사회가 떠들썩하다. 작년에는 우리 나라의 자살사망률이 OECD국가 중 가장 높았다는 통계가 발표되었다. 이에 따라 이제는 점점 증가하는 '자살'이 단순히 개인적문제가 아닌 '사회 병리적 현상'임을 인식하고 대책을 강구해야 할 때이다.

통계청이 발표한 자료를 보면 2007년 자살로 인한 사망자는 1만 2,174명이다. 하루 평균 약 33.4명이 자살한 셈이다. 2006년 기준으로 OECD 평균 자살사망률은 11.2명으로 한국의 절반 수준에 그쳤다. 그러면 왜 한국의 자살률은 다른 나라에 비해 이렇게 높을까?

한국 자살 사망률이 높은 원인으로는 중년층에서는 고령인구, 단독가구의 증가, 경제적 어려움 등이 지적되고 있고 청소년층은 따돌림, 주변인들의 자살 등 다양한 요소가 원인이다.

또한 사회적 인식이 문제가 된다. 아직까지 우리사회는 자살을 개인의 의지의 나약함, 심리, 정신질환 등 개인적 요인이 자살의 원인이라고 생각하는 경우가 많다. 하지만 자살을 개인적 차원에서만 바라보면 자살을 줄일 수 없다. 프랑스 사회학자인 에밀 뒤르켐(Emile Durkhem : 1858~1917)은 사회학 명저로 꼽히는 자살론(Le suicide)에서 자살의 원인을 개인적·심리적 측면에서 찾던 기존의 경향에서 탈

피해 자살이 사회적 현상임을 밝힌 바 있다.

따라서 자살을 단순히 개인적 문제가 아닌 사회적 문제임을 인식하여 사회·국가적 차원에서의 대책이 필요하다. 대책으로 첫째, 양극화가 심화되면서 빈곤층이 늘고 있고 인구의 고령화와 독신가구 증가 등 자살위험 요인이 갈수록 증가하고 있는데 따라서 소외계층에 대한 사회적 안전망 확충이 시급하다. 둘째, 현재 5억 원에 불과한 자살 예방 관련 정부 예산을 확충하고, 총체적 접근을 위해 자살방지법이 시급히 제정되어야 한다. 셋째, 지역사회에서 지속적인 관리와 관심이 필요하다. 지역사회 내에서 자살을 유발할 수 있는 질환을 가진 사람들을 정기적으로 점검해야 한다. 넷째, '자살예방'을 위한 실질적인 교육이 이뤄져야 한다.

초등학교 때부터 학교에서 전문적인 외부강사를 초청하여 일 년에 한번이라도 지속적으로 자살예방을 위한 교육을 실시해야 한다. 다섯째, 정부가 '보여주기식'의 관심이 아닌 적극적인 문제해결 태도를 지녀야 한다. 항상 유명 연예인들의 자살사건이 있은 후 정부는 자살방지법을 제정해야겠다느니 전문기관을 만들어 자살을 미리 방지하겠다고 선포를 한다. 이제는 주먹구구식이 아닌 체계적으로 계획하고 관리하여 우리의 소중한 생명을 지켜야 한다.

 코멘트

  이 글은 2008년 탤런트 안재환 씨와 최진실 씨의 잇따른 자살 이후에 쓴 글입니다. 글쓴이는 '자살, 더 이상 개인의 문제가 아니다'라고 언급하면서 자살이 사회병리를 반영하는 것이라고 '새삼' 주장했습니다. 하지만 자살을 사회병리 현상으로 보고 대책을 강구해야 한다는 주장은 새삼스러운 것이 아닙니다. 요즘 이뤄지는 자살에 관한 논의는 대체로 자살이 사회병리 현상임을 전제로 한 것이 많습니다. 그 점에서 이 글은 진부한 화두라고 할 수 있습니다. 요즘 같은 상황에선 오히려 '자기의 인생의 책무를 다하지 않고 자살이란 수단을 택하는 것은 무책임한 일이다'라는 논리가 더 신선해 보이지 않을까 하는 생각이 들기도 합니다만….

  자살 예방과 관련한 정부의 대책 마련을 촉구하려면 막연하게 자살방지법을 만들어라, 예산을 늘려라 하는 식의 주장에 머물 것이 아니라, 외국에서 효과를 본 사례 등을 제시하면서 얘기를 풀어가는 게 좋습니다.

  자살률이 무슨 의미인지 정확한 개념을 써 줘야 합니다. 자살률이라고 하면서 '11.2명'이라는 숫자를 제시하는 것은 앞뒤가 맞지 않게 보일 수 있기 때문입니다. 자살률은 '사망자 10만 명당 자살자 수'로 나타낸다는 사실을 파악하고 글을 써야 할 것입니다.

  어떻게 보면 평범할 수도 있지만, 간단한 대책을 결론에 한 줄 추가해서 글을 다시 써 봤습니다. 막연히 정부가 나서야 한다는 논리보다 훨씬 설득력이 있어 보일 것입니다.

after

연예인의 자살을 둘러싸고 우리 사회가 떠들썩하다. 자살자가 유명 연예인이었다는 사실도 사람들의 관심을 집중시킨 소재였지만, 우리나라가 자살대국이라고 할 정도로 자살이 많은 나라이기 때문에 더 큰 관심과 논란을 낳았다고 본다.

2007년 현재 우리나라의 자살률(사망자 10만 명당 자살자 수)은 24.8이다. 경제협력기구(OECD) 국가 중 가장 높은 수치를 기록하고 있다. 일반적으로 후진국보다는 선진국에서 자살률이 높은 것으로 알려져 있다. 북유럽과 일본은 자살이 많은 곳으로 유명하다. 물질적 풍요에 비례해 소외와 고독을 느끼는 개인이 늘어나면서 자살률도 높아진다는 것이다.

자살률의 증가는 물질적 풍요에서 파생되는 사회병리 현상과 관련이 있다는 얘기다. 이에 따라 이들 나라에서는 정부가 주도적으로 나서서 자살예방 교육 내지 24시간 상담전화 운영 등의 대책을 강구해 오고 있다.

하지만 한국에서는 자살에 대한 정부차원의 대책이 거의 없는 형편이다. 정부는 자살예방을 위해 예산을 편성해 놓고 있기는 하지만 그 규모가 2007년 기준으로 5억 원에 불과하다. 그야말로 시늉만 하는 정도에 그치고 있다.

자살이 사회구조적 요인에서 비롯되었기 때문에 사회가 책임을 져야 한다는 이론을 동원할 필요도 없다. 자살의 결과로 인해 사회가 입게 될 손실을 막기 위해서도 정부는 자살 예방에 적극적으로 나서야 한다. 개인의 자살은 국가적으로는 경제력의 기본인 '인력'의 중도상실을 의미한다는 점에서 커다란 사회적 손실이기 때문이다. 자살자 가족들이 겪게 될 정신적, 경제적 충격을 치유하기 위해서는 또 다른 사회적 비용이 필요하다.

정부는 자살을 둘러싼 이 같은 문제점에 대한 공감을 넓혀가는 작업과 함께 예산 증액 및 학교 교육 등을 통해 적극적으로 자살예방 활동에 나서야 한다.

한국적 특수상황에 대한 별도의 대책도 필요하다. 한국에서의 자살 증가는 선진국과는 다른 원인이 크게 작용한다. 한국에서 적지 않게 일어나는 빈곤으로 인한 자살, '성적비관'으로 인한 자살은 분명 선진국형 자살과는 거리가 멀다.

경제적 무능력자에 대한 복지의 확대나 성적만능 풍조를 개선할 교육정책이 시급히 필요하다. 독거노인에 대한 사회복지사의 방문 확대라든가, 성적 때문에 중압감을 느끼는 학생들에 대한 학교 카운슬링 확대 등은 우리 사회가 조금만 관심을 갖는다면 큰돈을 들이지 않고도 즉각 시행할 수 있는 자살예방 대책이라고 생각한다.

2. 논제論題의 단어적 의미에 너무 집착하지 마라

　논제는 글의 주제나 제목을 말한다. 논술시험이나 작문시험을 볼 때 '○○에 대해서 논論하라' 라는 논제가 주어질 것이다. 논제를 잘 파악하고, 논제에 따라 글을 써야함은 두말할 나위가 없다. 그런데도 논제에 집착하지 말라는 것은 무슨 의미일까?

　2008년, 언론사 시험을 준비하는 대학생들에게 언론사 논술시험에 나올 만한 논제로는 어떤 것이 있을지 물어봤다. '촛불시위와 민족주의' '악플(악성댓글)의 폐해와 인터넷실명확인제 강화 논란' '미국발 금융위기와 신자유주의' '사회병리적 관점에서 본 연예인 자살' 등이 거론됐다. 언론사는 일반적으로 시사적인 부분과 개념적인 부분을 엮어서 논제로 제시하기 때문에 2008년에 일어났던 주요 사건을 계기로 수험자의 이해력과 논리력 그리고 세계관을 측정하는 문제를 출제하지 않겠느냐고 대부분의 학생들이 대답했다.

맞는 말이다. 시험에 출제되는 논제는 대체로 이런 식이다. 구체적인 사건을 논제로 삼되, 그와 연관되는 추상적 개념에 대해 수험자가 얼마나 이해하고 있으며 어떤 세계관을 갖고 있는지 또, 그 이해력과 세계관을 논리적으로 설득력 있게 쓸 수 있는지를 알아보는 것이 바로 논술이다.

이러한 '논제'에서 중요한 점은 현실에서 발생한 구체적 사건이 아니다. 그것은 문제를 출제하기 위한 하나의 연결고리일 뿐이지 본안은 아니기 때문이다. 추상적 개념 부분이 중요하다. 촛불시위나 미국발 금융위기라는 사건이 중요한 게 아니라 민족주의, 신자유주의 등 이면에 깔린 개념이 중요하다는 말이다. 민족주의나 신자유주의는 다분히 이념적이고 논쟁적인 개념이다. 인터넷 실명확인제강화도 '표현의 자유' 문제와 직결돼 사회적 논란이 제기되는 사안이다. 자살을 사회병리적 관점에서 파악해야 할지의 문제도 개인적, 종교적 관점에 따라서는 견해가 엇갈린다.

논술시험에서는 이처럼 사회문화적인 함의를 담고 있고, 각자의 인생관과 세계관에 따라 견해가 엇갈릴 수 있으며, 때로는 이념적으로 논란이 되는 사안을 논제로 선택한다. 결론이 명백한 사안은 시험 논제로 적당하지 않다. 예를 들어 '악플에 대해서 논하라' '우리사회에 만연하는 표절에 대해서 논하라'는 것은 좋은 논제가 되기 어렵다. 결론이 자명하기 때문이다. 악플이나 표절은 나쁜 것이라는 답이 분명하게 나와 있다. 관점에 따라서 결론이 다를 수 있고, 세계관에 따라서는 상반된 답이 나올 수 있는 주제라야 수험자의 논리 구성 능력을 측정할 수 있고, 창의력도 알아볼 수 있다.

비단 언론사 시험만 그런 것은 아니다. 일반 기업의 입사시험이나 공무원 시험, 그리고 대학입학 논술시험도 마찬가지다. 논제를 끌어내기 위한 하나의 도구로 인용된 구체적 사건에 대해서는 장황하게 나열할 필요가 없다.

그러나 많은 수험자들은 논제의 본안인 '추상적 개념' 못지않게, 그 본안을 도출하기 위한 연결고리인 '구체적 사건'도 중요하다고 착각한다. '촛불시위와 민족주의'라는 논제가 주어지면 광우병 미국소에 관한 방송프로그램이 어떠했고, 시위가 얼마나 지속됐으며, 몇 명이 검거됐고, 인터넷에선 어떤 반응이 있었다는 등 촛불시위의 전개과정에 대해 자세하게 쓴다. 글의 반 이상을 촛불시위에 대한 설명으로 채우는 수험자가 대다수일 것이다. 그러다보면 정작 본안인 민족주의에 대해서는 몇 줄 쓰지 못하고 글을 마쳐야 한다. 그렇게 되는 이유 중의 하나는 민족주의라는 추상적 개념에 대해 왈가왈부하는 것이 촛불시위라는 실제 사건을 기술하는 것보다 어렵기 때문일 것이다. 심정적으로 이해가 가지만, 어쨌든 그것은 좋은 답안은 아니다.

출제자가 묻고자 하는 바는 한마디로 "너는 요즘 한국의 민족주의에 대해 어떻게 생각하니?"라는 것이다. 민족주의는 여러 관점에서 생각해 볼 수 있다. 반미를 의미할 수도 있고, '우리민족끼리'라는 구호와 연결될 수도 있다. 강대국의 틈바구니에서 배타적 민족주의로 살아갈 수 있는가 하는 의문을 제기해 볼 수도 있고, 중국과 일본에서 일기 시작했다는 '혐한류'가 한국 내 민족주의의 반작용이 아닌지 생각해 볼 수도 있다. 과연 한국은 단일민족국가인가 하고 자문해 볼 수도 있고, 한국 거주 외국인에 대한 민족주의적 차별은 없었는지 반성해 볼 수도 있다.

촛불시위가 통상압력을 넣고 있는 세계 유일의 슈퍼파워인 미국에 대한 한국의 민족주의가 표출된 사건이었다는 전제하에, 과연 한국의 민족주의는 어떤 특성을 갖고 있으며 어떤 양상으로 표출되고 있는지, 장점은 무엇이며 단점은 무엇인지 등등 얼마든지 쓸 내용은 많다. 촛불시위와 직결된 얘기만 쓰려고 애쓸 이유가 없다.

다시 말하지만, 논제의 단어(單語)적 의미에 집착하면 글쓰기를 망칠 수 있다. 논제를 잘 분석해서 출제자가 진정으로 요구하는 '본안'이 무엇인지를 파악하고, 그 요구사항에 초점을 맞춰 글을 쓰도록 하라. 상대적으로 중요하지 않은 대목은 과감하게 생략하고 빼 버릴 줄도 알아야 한다.

2009년 초 한 언론사 입사 시험에 '최근 세계 금융위기의 원인과 전망, 극복 방안에 대해 논하라' 라는 논제가 나왔다. 세계 금융위기에 어떻게 대처해야 할지에 대해서는 전문가들마다 의견이 엇갈린다. 심지어 전망을 할 수 없다고 포기하는 전문가들도 많다. 금융위기의 상황이 워낙 복잡해서 파악하기도 쉽지 않다. 내로라하는 전문가들도 자신 없어 하는 사안인데 비전문가인 당신은 과연 어떤 내용으로 답할 것인가.

여기 '최악' 이라고 할 수 있는 답안의 사례가 있다.

경제계에서는 미국이 기침을 하면 한국은 몸살을 앓는다는 유명한 말이 있다. 이는 그만큼 세계의 경제가 상호연계 되어있다는 사실을 대변하는 것이고 우리나라의 경제가 미국에 많이 의존하고 있다는 것을 뜻하기도 한다. 지금 우리가 겪고 있는 세계금융 위기의 이유들로는 여러 가지 이유가 있는데 그중 가장 큰 역할을 한 것은 단연 미국의 주택담보대출(sub-prime mortgage)로 인한 주택시장붕괴와 국제유가 급등, 그리고 펀드투자의 거품 등을 들 수 있다.

미국의 주택시장 붕괴는 서브프라임과 함께 시작이 되었다. 서브프라임이라는 모기지 상품을 내세워 이 상품을 통해 대출 받은 돈으로 집을 살 경우 처음 몇 달 간은 적은 이자만 감당해도 되는 기간을 제공함으로써 대출자로 하여금 대출금을 쉽게 갚을 수 있다는 생각을 하게끔 만들었고 실제로 너무나도 많은 사람들이 서브프라임 상품을 통해 주택을 구매하였다. (중략)

국제유가 상승도 한몫 든든히 했다. 국제 유가는 세계 경제에도 많은 영향을 미치지만 우리나라와 같은 기름 한 방울 나지 않는 나라엔 더욱 큰 타격이 될 수밖에 없다. 이러한 높은 국제유가는 2000년과 2001년에도 세계경제악화에 일조한 적이 있었고 얼마 전에도 세계 경제 물가상승에 큰 역할을 한 주범이다.(중략)

세계 경기 악화로 인해 가장 큰 피해를 본 사람들은 단연 펀드 투자자들일 것이다. 세계적으로 많은 인기를 누리던 뮤츄얼 펀드 가입자들이 많은 투자금을 잃었고, 각 기업들에 투자되어지고 있던 많은 투자자금들이 빠져나가면서 기업들을, 넓게는 나라들의 주식시장을 더욱 악화시키고 있다.(중략)

위와 같은 상황을 슬기롭게 대처하기 위한 각 나라 정부들의 끈질긴 노력에도 불구하고 세계 경기는 아직도 해결될 기미를 보이지 않고 있다. 치솟는 실업률과 청년 실업문제도 역시 세계적인 현상으로 앞으로 얼마나 더 기다려야 될지 모르는 상황이다. 경제회복의 열쇠는 여러 가지가 될 수 있다. 거시적으로 보면 식량난을 최소화하기 위해 지구 온난화를 해결해야 하는 것이 먼저일 수도 있고 미시적으로 보면 정부의 기업지원, 연금확대, 실업자 지원 대책 등의 정책들이 경제 회복의 열쇠도 될 수 있을 것이다. 하지만 지금으로서의 경제 전망은 많은 부분이 미국의 경기 회복에 달려있다. 요즘도 '미국 주택시장이 바닥을 쳤다' 혹은 '아직도 바닥이 아니다' 라는 두 가지 의견이 대립하고 있는데 섣불리 무엇이 옳다 그르다 하는 것은 시기상조이다. 암울하지만 지금으로서 최선의 방법으로는 자신의 자리에서 맡은 임무를 충실히 하는 것이다. 전문가들조차 불확실성으로 인해 앞으로의 경제 전망을 내다볼 수 없는 상황에서 이것이 정답이다 저것이 정답이다 할 수는 없기 때문이다.

문장에 오류가 많은 것은 차치하고, 사실 관계도 정확하지 않다. 글의 서두는 모두가 아는 식상한 애기의 되풀이에 지나지 않는다. 결론은 '전망을 할 수 없다' 는 것인데, 그럼 왜 이 답안을 쓴 것인지….
이 답안은 애초부터 이 수험생에게는 감당하기 벅찬 내용으로 구성

되어 있다. 대학에서 공부만 한 백면서생이 실물경제를 알면 얼마나 알겠는가. 모르는 것이 당연하다. 실물경제의 상황을 가지고 답안을 작성해야겠다고 나선 것 자체가 실수다.

논제가 요구하는 바는 실물경제 상황에 대한 설명이 아니다. 실물경제의 진단과 처방을 요구하는 문제를 대학생에게 요구할 신문사는 없다. 이 논제가 요구하는 것은 다른 데 있다. 신자유주의 논란에 대한 수험생의 이해 정도와 시각을 알고 싶은 것이다. 미국발 금융위기는 시장의 자유를 강조하는 신자유주의 경제정책이 빚은 참사라는 지적이 곳곳에서 제기돼 왔다. 신자유주의적 경제정책을 수정하거나 철회해야 금융위기를 벗어날 수 있다는 주장도 많다. 신자유주의가 비판의 도마에 오른 것이 당시의 상황이었다. 물론 이에 대한 반론도 있다. 미국의 서브프라임 모기지 사태는 클린턴 행정부가 법까지 제정해 가며 서민 대출을 장려하거나 강제하는 시장개입적인 정책을 폈기 때문에 빚어진 것일 뿐 신자유주의와 상관없다고 주장하는 사람도 있다.

이렇게 논란을 빚고 있는 신자유주의 경제정책에 관한 수험생의 주장을 쓰면 훌륭한 답안이 된다. 신자유주의 논란은 금융위기의 본질에 관한 것이다. 실물 경제에 관한 분석과 전망은 금융위기의 현상現象을 말하는 것이다. 현상을 기술하는 것은 아마추어들에게는 어렵기도 하지만 써도 지엽적인 얘기로 흐르기 십상이다.

물론 경제현실에 대해 기본 지식을 쌓아 둘 필요는 있다. 그리고 그 지식을 글쓰기에 적절히 활용하면 글이 훨씬 돋보인다. 하지만 그것이 주가 돼서는 결코 제대로 된 글을 쓸 수 없다.

다음은 신자유주의 논란을 위주로 해서 어느 학생이 쓴 글이다. 신자유주의에 대한 설명에 너무 많은 양을 할애한 면은 있지만, 그래도 앞의 글보다는 훨씬 잘 쓴 글이다.

before

지금 세계를 강타하고 있는 가장 큰 이슈는 바로 세계 금융시장을 긴장시킨 미국발 금융위기이다. 미국의 상징인 대규모 금융회사들이 줄줄이 부도로 파산하고, 미국 정부의 구제금융 정책으로 연명하고 있다는 사실은 현재의 금융위기가 얼마나 큰 위기에 처해 있는지를 단적으로 보여준다. 그리고 이 금융위기는 우리나라를 비롯한 세계 각국에 영향을 미쳐 세계 경제를 공황상태에 빠뜨렸다.

지금의 미국 경제 상황은 마치 1929년 월스트리트의 증권거래소의 주가지수가 곤두박질을 치기 시작하며 일어났던 대공황과 비슷하다. 이때에는 영국 출신의 경제학자 케인즈가 이를 해결하기 위해 정부가 시장경제에 적극 개입해야 한다고 주장했다. 대공황은 과잉 생산과 유효 수요 부족으로 발생한 시장의 실패에서 비롯되었기 때문에 정부가 시장 기능을 보완하여 수요를 창출해야 한다는 것이었는데, 결국 이것은 루즈벨트 대통령이 추진한 뉴딜정책에 반영되어 대공황의 해결에 도움을 주었다. 그러나 1970년대 이후 석유파동으로 인한 스태그플레이션, 즉 세계적인 경제불황이 다시 찾아와 케인즈의 이론이 옳지만은 않았음을 보여주었다.

  신자유주의는 이른바 작은 정부를 지향해 시장에서의 자유로운 경쟁을 더욱 중시하는 경향을 보이며, 정부의 과도한 개입으로 말미암아 일어난 정부 실패에 대안을 제시했다. 하지만 신자유주의를 꼭 해결책이라고 할 수는 없다. 왜냐하면 신자유주의는 정부의 비능률을 해소하고 시장의 효율성을 제고하여 국가경쟁력을 강화하는 긍정적인 면도 가지고 있지만, 시장개방으로 인한 세계화로 선진국과 후진국 사이의 빈부격차를 더욱 확대한다는 부정적인 면도 가지고 있는 양날의 칼이기 때문이다.

  미국식 신자유주의로 대표되고 있는 오늘날의 경제체제는 최악의 금융위기를 맞이하며 시장 실패를 야기했다. 그렇다면 세계 경제는 또다시 케인즈의 의견을 받아들여 정부 개입을 확대해야 하는가? 이미 미국에서는 정부가 개입하여 금융위기의 해결을 모색하고 있다. 정부가 지나치게 개입한다면 세계 경제는 또 다시 정부 실패로 인한 어려움을 겪게 될 것이고, 정부가 개입하지 않는다면 시장경제는 더욱 무질서하게 되어 효율성을 잃게 될 것이다. 이렇게 시장에 대한 정부의 개입은 여러 가지로 딜레마를 안고 있다.

하지만 정부가 개입 정도를 적절하게 조정하여 시장에 개입한다면 지나친 정부 개입으로 인한 정부 실패도, 지나친 자유방임으로 인한 시장 실패도 나타나지 않을 것이다. 핵심은 바로 정부 개입의 정도인 것이다. 그리고 정부 개입이 길어져서도 안 된다. 정부의 시장 개입은 시장 보호를 위한 것이지 시장을 장악하기 위한 것이 아니라는 것이 미국 정부의 입장이다. 현재의 시장 개입도 일시적인 제한 수준에서 끝날 것임을 시사하고 있다.

케인즈는 정부 개입이 장기간 이루어질 경우, 시장은 잘못된 방향으로 갈 수 있다는 경고를 했었다. 정부 개입에 의한 시장경제 문제의 해결을 주장했던 케인즈도 장기간의 정부 개입은 오히려 경제를 해할 수 있다는 사실을 알고 있었던 것이다.

따라서 시장에 대한 정부의 개입은 적절한 수준으로 이루어져야 하며, 단시간에 이루어져야 할 것이다. 그렇지 않으면 세계 금융시장은 또다시 위축될 것이다. 현재 세계 경제에 가장 필요한 조치는 정반합 이론으로 볼 때 정에 해당하는 시장의 자유를 보장하는 것과 반에 해당하는 정부의 개입을 잘 조화시킨 것의 합인 정부 개입주의와 신자유주의의 장점만을 취하는 것이다.

 코멘트

이 글의 내용도 새롭지는 않습니다. 하지만 누구나 '다 아는 내용'도 이 정도로 정리할 수 있다면 상당히 좋은 평가를 받을 수 있을 것으로 생각됩니다. 그래도 굳이 몇 가지를 지적한다면, 우선 리드 부분(첫 대목)은 생략해도 될 것입니다. 바로 본론으로 들어가는 편이 오히려 경쾌한 출발이 될 수 있습니다.

또 금융위기 해소방안과 관련한 언급이 '공자말씀'을 넘어서지 못했습니다. '정부개입주의와 신자유주의의 장점만을 취하는 개입'은 당연한 말입니다. 문제는 그렇게 적절한 수준의 개입이 어떤 것이냐 하는 건데, 이에 대해 학생 수준에서 해법을 제시하기는 어렵지만 그래도 시도는 해야 합니다.

또, 가급적이면 우리가 알 만한 현실의 사례도 써 주도록 노력해야 합니다. 미국 얘기만 하지 말고 한국 얘기도 써 주면 보다 현실적으로 다가오는 글이 될 것입니다. 다음은 한국의 상황을 염두에 두고 수정한 글입니다.

 after

미국에서 시작된 세계 경제위기는 1929년 미국의 대공황에 비유된다. 대공황 때나 지금이나 경제, 특히 금융에 대한 정부의 간섭을 배제하고 모든 것을 시장에 자유방임한 결과 결국은 위기가 초래됐

다는 공통점이 있다.

　대공황 때는 영국출신 경제학자인 케인즈의 처방이 주목받았다. 케인즈주의(케인지언)라고도 하는 그 처방은 정부가 시장에 적극 개입해야 한다는 내용이다. 그것은 시장에는 보이지 않는 손이 있어 수요와 공급의 불균형을 조절하며 저절로 움직이게 돼 있으므로 정부의 시장 개입은 없을수록 바람직하다는 고전적 자본주의에 대한 반기反旗이기도 했다. 케인지언은 미국 루즈벨트 대통령의 뉴딜정책에 반영돼 대공황을 극복하는 데 도움을 줬다는 평가를 받았다. 그러나 1970년대 석유파동으로 인한 스태그플레이션을 맞아 과도한 정부 개입의 부작용에 대한 비판론이 제기되면서 새롭게 대두된 경제정책이 바로 신자유주의이다. 시장에 대한 정부의 개입을 최소화해야 한다는 신자유주의 경제정책은 1980년대 초 미국 레이건 대통령 때부터 다시 주류적인 경제이념으로 부상했다.

　신자유주의는 미국 내의 경제정책으로 끝나지 않고 전 지구적 규모로 확대됐다. 압도적인 경제력을 자랑하는 미국은 다른 나라에 시장개방을 요구했고, 미국과의 무역에 자국 경제의 상당부분을 의존하고 있는 세계 각국이 미국식 신자유주의에 편입돼 갔다. 한국도 예외가 아니다. 한국은 1997년 외환위기 이후 금융시장을 거의 완전하게 외국에 개방했고, 한미 간 자유무역협정(FTA)도 추진하고 있다.

　대외 의존도가 높은 한국 경제의 특성상 글로벌 금융시장에 편입

되는 것이 불가피한 측면이 있다. 또, 세계적 규모의 자유무역이 실현되면 실질적인 이익도 볼 수 있다는 것이 정부의 입장이었다. 하지만 미국식 신자유주의로 인해 많은 나라에서 농업이 황폐해지는 등 기본적인 식량안보를 위협받고 있으며 선진국과 후진국 간에 부익부 빈익빈이 오히려 심해지고 있다는 비판론도 적지 않은 것이 현실이다. 한미 FTA반대 시위는 바로 신자유주의 비판론을 대표하는 사례라고 할 수 있다.

2008년 금융위기 직후 미국정부는 은행의 파산을 막기 위해 1조 달러 이상의 공적자금을 투입하는 등 시장에 적극 개입하고 나섰다. 전래의 신자유주의는 이제 사실상 막을 내린 것이다. 시장에 대한 정부 개입이 대세로 받아들여지게 된 것이다.

한국정부도 당연히 시장에 대해 개입할 부분은 개입하고, 규제할 부분은 규제해야 할 것이다. 외환위기 때 국제통화기금(IMF)의 압력으로 국제시장에 개방한 금융부문에 대해서는 특히 규제조치가 불가피할 것이다. 금융시장에 대한 정부 규제는 2008년 10월 14일 미국에서 열린 G20 정상회의에서도 적극적으로 제기돼 공동선언에 포함됐다. FTA 문제도 미국의 오바마 대통령이 한미 FTA재협상을 요구하고 있는 만큼 다른 나라의 추세를 보고 국익에 보탬이 되는 방향에서 조정해 나가면 될 것이다.

그러나 한국은 미국과 다른 점이 있다. 특히 한국은 시장에 대한 정부의 규제가 여전히 많다는 점에서 그렇다. 한국은 OECD국가 중

정부 규제가 가장 많은 나라에 속한다. 공장 하나를 설립하려면 수십 수백 개의 관청 도장을 받아야 한다. 정부가 이처럼 규제권한을 많이 갖고 있다는 것은 공무원 부패 가능성이 크다는 사실을 의미하기도 한다. 한국은 국가청렴도도 낮은 수준이다.

한국은 미국처럼 정부의 규제가 너무 없어서 문제였던 상황을 겪어 본 적이 거의 없다.이점에서 한국은 시장에 대한 정부 규제를 줄인다는 신자유주의의 기본철학을 오히려 적극적으로 수용할 필요도 있다고 생각한다. 신자유주의에 대한 반성은 필요하지만, 그렇다고 해서 신자유주의적 가치를 부정할 필요는 없다.

잘 쓰기 전략 -
시작이 반이라면 리드(lead)는 전부다

　글쓰기를 하는 사람이 가장 고민하는 점은 아마도 글의 첫 대목 즉, 리드를 어떻게 시작해야 하는가 하는 문제일 것이다. 리드는 글의 스토리를 끌어나가기 위한 필수장치이기도 하다. 리드가 재미있으면 그 글 전체가 재미있게 느껴진다. 그렇기 때문에 경우에 따라서는 1시간의 시간제한이 주어진 글쓰기에서 좋은 리드를 찾기 위해 30분을 고민할 수도 있다. 리드를 썼다가 지웠다 하는 경우도 많다. 그렇게 시간을 들이고 고민을 해도 좋은 리드만 찾는다면, 그것은 충분히 가치 있는 일이다. 그만큼 글쓰기에서 리드가 중요하기 때문이다. 어떤 의미에서 리드는 글쓰기의 전부라 해도 과언이 아니다.

　하지만 리드를 두고 너무 고민하지 않는 게 좋다. 고민이 지나쳐 오히려 글 전체를 그르칠 수 있기 때문이다. 리드를 쓸 때 가장 자주 범하는 '잘못'은 거창하게 시작하는 것이다. 글쓴이는 고민을 거듭한 끝에 나름대로 멋있는 표현을 찾았다고 생각해 쓰더라도 독자에게는 어색하고 상투적으로 보이는 경우가 많다.

　한 대학의 학생들에게 2008년 미국 발 금융위기와 신자유주의에 관한 글쓰기를 주문한 일이 있다. A학생은 리드에 '거대한 폭풍이 몰려오고 있다'고 썼다. B학생은 '뉴욕에서 헛기침을 하면 여의도엔 태풍이 몰아친다'라고 썼다. 둘 다 비슷한 발상이다. 미국발 글로벌 금융위기가 우리나라에 미치고 있는 엄청난 영향을 고려하면 폭풍, 쓰나미와 같은 구절은 누구라도 생각할 수 있는 말이다. 실제로 언론 보도에서 그 같은 말을 쉽게 찾아볼 수 있다. 그러나 누구나 생각할 수 있고, 실제로도 많이 사용되는 그런 말들을 아마추어 글쓰기에서 굳이 되풀이할 필요가 있겠는가. '뉴욕에서 헛기침을 하면 여의도엔 태풍이 몰아친다'는 표현은 '미국이 기침을 하면 한국은 몸살을 앓는다'는 언론 용어를 빗대어 만들어 낸 조어로 보인다. 물론 나름대로 고심한 흔적도 있다. 하지만 섣부른 조어는 어색하게 들릴 뿐이다. 사실은 '미국이 기침을 하면 한국은 몸살을 앓는다'는 말도 '굳어진 표현(숙어)'이라고는 할 수 없다. 그 말조차도 모르는 사람이 있을 수 있다. 그런데 변형까지 했으니 생경한 느낌이 강하다.

한 가지 명심할 점은 거창한 리드는 글의 내용이 뒷받침해 줘야 빛이 난다는 사실이다. 리드는 장중하고 참신하게 썼는데 그 뒤에 따라오는 글이 영 엉망이라면 글에 대한 전체적인 평가가 더 낮아지기 십상이다. 차라리 아마추어답게 소박한 리드로 시작하는 편이 낫다. 실력이 뒷받침되지 않으면서 섣부르게 프로 흉내를 내는 우를 범하지 말라는 얘기다.

좋은 리드를 생각해 내기는 결코 쉬운 일이 아니다. 참신하고 의미 있으면서 글쓰기의 주제와 직결되는 그런 리드를 찾아낼 자신이 없다면 흔히 생각하는 '리드'적인 표현 즉, 수사(修辭)를 생략하고 곧바로 본론으로 들어가는 편이 바람직하다. 논술시험 답안이나 간단한 보고서를 작성하면서 굳이 리드를 쓸 필요는 없다.

앞에 든 A, B학생의 글을 조금 더 살펴보자. '거대한 폭풍이 몰려오고 있다. 사람들은 자신들이 불러온 위기가 아니기에 어쩔 줄을 모른 채 폭풍의 행방만을 주시하고 있다. 이것이 지금 우리나라 증권가의 모습이다. 연일 코스피 지수는 급락하고 있고, 환율은 급등하고 있다. 미국 경제에 대한 종속률이 60%에 이르는 우리나라는 패닉에 빠져있다.…' / '뉴욕에서 헛기침을 하면 여의도엔 태풍이 몰아친다. 미국 금융위기에 많은 영향을 받는 한국의 증권가에서 종종 탄식처럼 나오는 말이다. 그런데 이번엔 헛기침이 아니다. 미국 증권가에서 시작한 폭풍이 몰아치자 세계 경제가 혼수상태에 빠졌다. 서울도 예외가 아니다. 이미 주가는 유례없는 폭락을 거듭하고 있고 환율도 치솟고 있다. 일각에선 제2의 IMF 사태가 오는 것이 아니냐며 불안감을 감추지 못하고 있다…'

나름대로는 열심히 궁리해서 첫 머리 수사(修辭)를 찾아내기는 했지만, 뭔가 부족한 점이 있다는 사실을 A, B학생 모두 알고 있다. 그래서 '어쩔 줄 모른 채 폭풍의 행방만을 주시하고 있다'든가 '한국 증권가에서 종종 탄식처럼 나오는 말이다'는 등의 군더더기와 어색한 설명을 덧붙이고 있다. 미국발 금융위기로 우리나라도 크나큰 어려움을 겪게 됐다는 사실은 누구나 다 아는 것이다. 만인이 아는 이런 사실을 두고 그렇게 심각하고 장황하게 운을 뗄 필요가 있을까? 이런 고생은 해도 표시가 안 날 뿐만 아니라 감점 요인이 되기 십상이다.

논리전개상 글의 첫머리에 굳이 그 상황을 언급해야겠다면 '주가가 폭락하고 환율이 치솟고 있다'는 팩트(사실)만 한 줄 써도 충분하다. 그러한 '팩트'는 또 훌륭한 리드가 될 수 있다. 나머지는 모두 군더더기에 불과하다. 시간도 부족하고, 분량도 제한돼 있는 글쓰기에서 서두부터 장황하다면 이를 읽는 사람은 짜증이 나기 마련이다.

비즈니스
메시지 라이팅

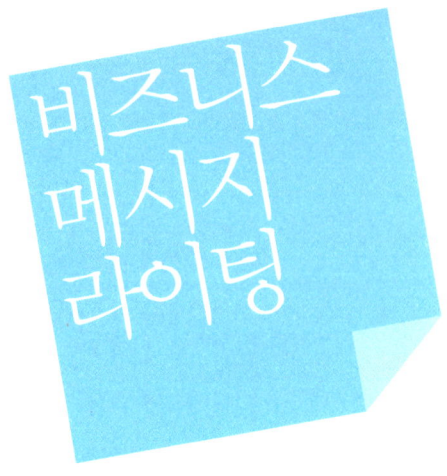

비즈니스 메시지 라이팅

 상업적 메시지 라이팅이라고 하면 우선은 '광고 카피(copy)'를 떠올리게 된다. 단순하면서도 재미있고, 제품의 장점을 한마디로 요약하는 광고 카피 한 줄이 매출의 성패를 좌우하는 것이 지금의 현실이다. 카피라이터들은 광고 카피 한 줄을 짜내기 위해 몇 날 몇 달을 고민하기도 한다. 성공한 광고 카피의 후일담 중에는 '우연히 떠올랐다'든가, 어린 조카가 하는 장난에서 결정적인 힌트를 얻었다든가 하는 얘기도 없지 않다. 이런 얘기가 아마추어들도 운이 좋거나 감각이 있으면 좋은 광고 카피를 만들어 낼 수 있다는 암시로 다가올지 모른다. 그러나 단언하지만 아마추어들은 절대 좋은 광고 카피를 만들 수 없다. 좋은 광고 카피는 (1)팔고자 하는 제품의 특성을 숙지하고 (2)어떤 소비자층을 상대로 제품을 판매하는 것이 좋은지, 광고의 소구 대상(전략 목표)을 설정하며

(3)그 소구 대상에 대해 철저하게 분석하는 작업을 거친 후에야 비로소 만들 수 있다. 아마추어들은 대부분 이런 전략적 사고에 익숙하지 않다. 그러니 좋은 광고 카피를 만들 수 없다.

　메시지 라이팅(글쓰기)은 전략적 사고를 훈련하는 가장 좋은 방법이다. 우선 자신이 전하고자 하는 메시지를 체계적으로 써 보라. 강조의 우선 순위를 고려하고, 메시지를 수용할 상대방의 NEED를 생각하면서 메시지 라이팅을 하는 가운데 전략적 사고를 익힐 수 있다. 이것은 비단 광고 기획에만 해당되는 것이 아니다. 직장 상사에게 올리는 보고서도 마찬가지다. 독자에게 자신의 메시지를 전할 수 있는 가장 효과적인 방법이 무엇인지를 연구하지 않은 기획서나 보고서는 휴지조각에 지나지 않는다. 이것이 프로의 세계에서 이뤄지는 메시지 라이팅의 냉혹한 현실이다. 이 세계에서 메시지 라이팅은 곧 돈으로 연결된다. 보고서를 잘 쓰면 승진과 연봉인상이 보수로 주어진다. 또한 좋은 기획서는 매출 증대로 이어진다.

1. 메시지 페인팅과 메시지 라이팅

 요즘 회사에서 쓰이는 보고서, 제안서, 기획서는 대부분 시각적 자료가 잔뜩 들어간, '파워 포인트' 문서로 작성되고 있다. 아무리 작은 회사라도 고객사에 무엇인가 상황을 설명할 때는 파워 포인트로 작성한 수십 쪽 분량의 기획서를 제출하거나, 아예 컴퓨터를 들고 가서 화면을 비춰가며 얘기한다. 파워 포인트 문서로 작성된 이런 문건을 '메시지 페인팅(painting·그리기)'이라고 부르고 싶다. 시각물로 보여주니 설명하기도 쉽고 이해하기도 쉽다. 문서의 디자인도 깔끔해서 호감도도 높다. 컴퓨터에 익숙한 신세대들은 이런 메시지 페인팅에 익숙하다. 그러나 이런 메시지 페인팅에는 결정적인 '한계'가 있다. 많은 것을 보여주고 열거하는 데는 유용하지만, 요약해서 한마디로 설명하는 데는 부족하다. 상사에게 올리는 보고서, 고객사 간부에게 전하는 기획서를 매번 수십 쪽에 달하는 메시지 페인팅의 형태로 만들 수는 없다. 아니, 그렇게 만들어서도 곤란하다. '높은 분'들은 항상 시간에 쫓기는 사람들이다. 그들에게는 가능한 한 짧게, 기왕이면 한 장 이내로 요약한 메시지를 전달해야 한다. 수십 쪽 짜리 제안서를 높은 분이 볼 것이라고 기대하는 것은 오산이다. 그래서 한 장으로 요약하는 능력이 절대적으로 필요하다.

몇 년 전에 보고서의 달인이라는 평가를 받는, 한 청와대 비서관과 보고서 작성 요령에 대해 얘기를 나눈 적이 있다. 그는 "무조건 한 장으로 압축해라. 아무리 복잡한 사안도 절대 두 장을 넘기지 말라."고 했다. 대통령은 사방에서 몰려드는 보고서에 둘러싸여 지내기 때문에 한 보고서에 많은 시간을 할애할 수 없다. 보고서가 길면 결국 뒷부분은 읽지 않게 된다는 것이다. 대통령의 입장이 되어 생각하면 '1장 보고서'가 당연하다는 그의 말에 고개가 끄덕여졌던 기억이 있다. 그렇게 '한 장으로 요약하는 보고서'가 바로 비즈니스 세계에서 필요한 메시지 라이팅이다. 메시지 페인팅을 잘하는 사람들은 많지만 메시지 라이팅을 잘하는 사람들은 적다. 메시지 라이팅은 전략적 사고를 강화시켜 준다.

실제 사례를 보자. 다음은 서울 지하철 1, 3, 4호선의 열차정보안내 시스템을 이용한 동영상 디스플레이어 매체를 운영하는 E라는 광고회사가 배포한 매체제안서(기업이나 정부기관에 자신의 매체를 통해 광고를 해 줄 것을 제안하는 것)의 내용이다. 이는 원래 파워포인트로 작성된 것으로, 분량은 총 21쪽에 달한다.

〈E사의 매체 제안서 – 메시지 페인팅〉

❶ 미디어 프로포절(제목)
❷ E사(지하철 1,3,4호선 열차정보안내시스템 개량사업자)의 계열사
❸ 열차정보안내시스템 개량사업

　　발주처 : 서울 메트로

　　운영권 및 보장기간 : 2008년 7월부터 2023년 7월(15년간)

　　설치역사 : 지하철 1, 3, 4호선 67개 역사

　　승강장 : 총 면수 1,620면, 광고 면수 798면

　　대합실 및 환승통로 : 총 면수 880면, 광고 면수 440대(예정)

　　합계 : 총 면수 2,500면, 광고 면수 1,280면

❹ 알짜배기 광고매체를 원하십니까
❺ 확 바뀐 열차정보안내시스템을 소개합니다. (지하철 승강장 천장의 열차착발정보안내 시스템과 나란히 설치된 화면을 통해 동영상 광

고 등을 제공하는 사진 첨부)

열차정보안내시스템+동영상화면 전체 크기는 가로 2미터 세로 80센티미터 크기.

동영상화면 : 42인치 LCD제품으로, 60데시벨의 음향을 갖춤

❻ 그동안 광고효과에 목 마르셨습니까.

❼ 승객의 눈과 귀를 동시에 만족시키며 기억을 강화하는 수단으로서의 유일한 매체 / 798개 대형 LCD모니터에서 한 달에 무려 3,519,1000번 이상의 매력적인 컨텐츠와 광고가 쏟아집니다.

❽ 승객들의 열린 시선은 도망갈 틈이 없습니다. / 계속 보여지고 들리고 반복 인식되어지는! (지하철 이용객 35세 직장인 A씨가 출근, 외근, 동창회, 퇴근 등 하루 4번 지하철을 이용한다는 내용의 그래픽 첨부)

❾ 공중파 TV광고의 연속성 및 흡인력이 입증되었습니다 / 기존 매체 대체효과 입증 / 300명 설문조사 결과 열차정보안내시스템에서 표출된 OO제약 상업광고 효과측정 : 지하철 이용승객 응답자 중 48%가 TV나 라디오에서 시청한 CF를 다시 열차정보안내시스템에

서 접했을 때 광고효과를 느꼈다고 대답하였다.

❿ 저렴한 광고비에 광고도달율 또한 높았으면 좋겠다고요?

⓫ 밀집형 시스템으로 승객혼잡시에도 가시 장애가 없습니다.

⓬ 매일 300만 명 수도권 시민들에게 집중 노출됩니다. (지하철 1, 3, 4호선 노선 소개)

⓭ 광고비가 타 매체에 비해 저렴합니다 / 광고비를 총 노출인구로 나눈 숫자를 의미하는 CPM이 열차정보안내시스템은 3,978원인데 비해 TV는 9,368원, 신문은 1만 2,549원, 케이블 TV는 1만 1,666원이라는 수치 계산을 제시

⓮ 정확한 타깃마케팅이 필요하십니까.

⓯ 역별 특성에 따른 맞춤 광고가 가능합니다 (예를 들면 서울역·청량리·동대문역은 쇼핑을 좋아하는 중산층 여성, 종로3가 시청역은 남녀 학생이 타깃 오디언스가 될 수 있다는 예시 소개)

⓰ 표출 형식의 틀을 과감히 깼습니다.

⓱ 공중파 TV에서 미처 보여주지 못한 영상물(메이킹 필름) 방영 가능 (공중파 TV에서는 최장 30초 광고밖에 안 되나 열차정보안내시스

템에서는 90초 이상 광고물도 가능)
- ⓘ 자유로운 광고 및 다양한 표현기법을 적용하여 원하는 대로 영상 표출이 가능합니다 (일반 CF 형식, 인터뷰 형식, 텍스트 고지 형식 등이 가능하다는 설명)
- ⑲ 첨부
- ⑳ 열차정보안내시스템 역사별 기준 및 단가표 (1스크린당 15초 기준, 1일 최소 150회 내지 230회 노출 / 1역사당 12스크린)

  1스크린 단가 : SSA급 역사 70만원, SA급 50만원, A급 40만원,
  　　　　　　 B급 30만원

  1역사당 단가 : SSA급 역사 840만원, SA급 600만원,
  　　　　　　 A급 480만원, B급 360만원
- ㉑ 열차정보안내 시스템 현장스케치(사진 첨부)

이상은 E사에서 직접 제작한 제안서로 E사와 열차정보안내시스템을 소개하는 일반적인 내용이다. 열차정보안내시스템이란 말도 새롭고, E사도 알려진 회사가 아니기 때문에 우선은 이를 알리는 일이 급선무였

을 것이다. E사는 신생회사이기는 하지만 200억 원이 넘는 자금을 투입, 지하철 1, 3, 4호선 전 역사에 열차정보안내시스템을 설치해 서울메트로 측에 기부채납하는 대신 15년간 독점 운영권을 따낸 업체이다.

광고에 관심이 있는 아마추어(대학생) 7명에게 E사의 이런 제안서를 보여주고 이를 토대로 기업이나 정부기관 등 열차정보안내시스템에 광고를 집행할 수 있는 잠재적 고객사의 고위 간부에게 열차정보안내시스템을 통한 광고를 권유하는 짧은 제안서(혹은 안내서)를 만들어 보라는 과제를 냈다. 메시지 페인팅을 요약하고 각색해서 메시지 라이팅으로 바꿔보라는 요구였다. 21쪽에 달하는 프레젠테이션 자료를 볼 시간이 없는, 고위 간부들에게 전하는 메시지라는 점을 강조했다.

다음은 한 학생이 제출한 과제답안이다.

〈E사의 제안서를 각색한 메시지 라이팅 – Before〉

'빌보드(옥외 광고 대형 게시판)' 중심이었던 국내 옥외광고시장에 최근 들어 새로운 변화의 바람이 불고 있다. 다양한 옥외광고 매체가 IT 기술과 융합하면서 기존에 볼 수 없었던 새로운 형태의 매체가 등장하고 있는 것이다. 이러한 변화의 중심에는 지난 7월부터 모습을 드러낸 서울지하철 1·3·4호선의 LCD모니터를 활용한 열차정보 안내 시스템을 제공하는 E사가 있다. E사는 서울지하철 1, 2, 3, 4호선을 운영하는 '서울메트로'와 독점협약을 맺고 약 200억 원을 들여 지하철 1, 3, 4호선에 열차정보시스템 및 광고TV모니터 시스템을 설치해 기부채납하고 대신 15년간 그 시스템을 이용해 광고판매 등을 하기로 한 업체이다.

E사가 오는 9월까지 설치를 완료하게 될 새로운 열차정보안내시스템은 텍스트로만 보여지던 기존 LED 방식에서 벗어나 실시간 열차운행정보를 비롯해 생활정보, 문화정보, 광고 등의 콘텐츠를 동영상으로 제공한다. 이 시스템은 1, 3, 4호선 총 67개 역사의 대합실과 출입구, 환승통로, 승강장에 42인치 LCD화면으로 설치되며 총 2,500면 중 1,238면의 광고 면수를 확보하게 된다. 너비 120cm, 높이 40cm였던 기존의 시스템보다 너비 2M, 높이 80cm로 제작하여 바라보기에 답답한 느낌이 없도록 하였고, 멀리서도 잘 보일 수 있도록 만들었다.

총 798개 대형 LCD모니터에서 한 달에 3,591,000번 이상 방영되는 콘텐츠는 매일 약 300만 명의 수도권 시민들에게 집중적으로 보여진다. 출근과 외근, 모임, 귀가 등으로 이어지는 일상을 가진 직장인이 지하철을 이용한다고 가정을 해 보겠다. 이 승객은 지하철을 이용하는 수시간 동안 반복적으로 광고에 노출되는데, 여기서 대상을 단지 자주 보는 것만으로도 사람들은 호감을 느끼게 된다는 단순 노출 효과(Mere-Exposure Effect)를 기대할 수 있다. 이를 통해 상품과 브랜드에 대한 인지도를 높이고, 해당 상품에 대해 긍정적인 태도를 형성하게 하여 고객이 구매의사를 갖게 할 수 있다. 또한 밀집형 시스템으로 승객 혼잡시에도 가시장애가 없기 때문에 자연스럽게 시선을 고정시킬 수 있도록 하여 보다 효과적으로 광고 노출이 이뤄질 수 있도록 하였다.

역별 특성에 따른 맞춤 광고를 통해 타깃 마케팅이 가능하다는 점도 또 하나의 매력이다. 유동 인구가 많은 환승 구역을 비롯해 대학가, 쇼핑, 주거단지, 유흥 밀집 지역 등 역마다 갖고 있는 특성이 다르기 때문에 타깃 오디언스를 잘 설정하면 광고의 효과를 극대화할 수 있다. 그리고 기존 매체에서 시간의 제약, 심의 등으로 방영할 수 없었던 영상물도 새로운 열차정보안내시스템에서는 자유롭게 방영할 수 있다. 실제로 공중파TV의 경우 광고를 15초, 20초, 30초로 제한하고 있는데 비하여 새로운 시스템에서는 소재와 시간의 제한 없이 90초까지도 방영이 가능하다. 기존에 노출되던 광고와 메이킹 필름 등을 함께 상영하여 승객들에게 제품에 대한 흥미를 유발할 수 있을 것으로 기대된다. 또한 콘텐츠의 내용뿐만 아니라 형식에서도 타 매체보다 자유로운 이용이 가능해진다. 기존의 텍스트 고지 형식뿐 아니라 일반 CF 형식, 애니메이션 형식, 인터뷰 형식, 인쇄형 고지 형식 등 여러 가지 방식이 준비되어 있으며 광고주가 원하는 방향으로 영상표출이 가능하다.

이렇게 뛰어난 점이 많음에도 불구하고 광고비는 타 매체(TV, 신문, 극장 등)에 비해 저렴하다는 사실이 큰 장점이다. 타 매체와 효율성 비교를 위해 CPM을 이용한 정량적 비교를 한 결과, TV 9,368원, 신문 12,549원, 극장 31,457원, 케이블TV 11,666원으로 3,978원의 열차정보안내시스템 CPM이 훨씬 저렴하다는 것으로 나타나 객관적으로도 효율성이 입증되었다.

저비용 고효율의 광고를 원한다면 1, 3, 4호선 열차정보안내시스템만큼 좋은 옥외광고판은 없을 것으로 생각된다. 성공적인 마케팅을 하고 싶다면 이 시스템에 주목해야 할 것이다.

E사의 제안서 즉, 메시지 페인팅을 단순히 글로 바꿔 놓은 데 불과하다. 과연 이런 제안문으로 독자(잠재적 고객사의 고위 간부)를 사로잡을 수 있겠는가? 답은 '불가능하다' 이다.

위의 제안서를 훑어보면, 고객사의 고위 간부들이 알고 싶어하는 사항이 무엇인지, 그들의 NEED가 무엇인지 전혀 연구가 되어 있지 않다. 고객사의 고위 간부들은 대체로 기사가 딸린 자가용을 타고 출퇴근할 것이다. 지하철을 이용하지 않는다. 그러므로 그들은 지하철역의 열차정보안내시스템이 과연 무엇을 의미하는지도 모를 가능성이 크다. 우선, 열차정보안내시스템을 가장 단순하게 설명할 방법이 무엇인지를 고민해야 한다. 열차정보안내시스템은 지하철 승강장 천정에 붙어 있는, '이번 열차 ㅇㅇ행, 다음 열차 **행' 등의 열차 착발 정보를 안내해주는 디스플레이 시스템이다. 그것과 일체형으로 붙은 LCD화면을 통해 광고물 등의 동영상을 틀어줌으로써 수입을 올리는 것이 E사가 말하는 열차정보안내시스템의 기본 구조다.

　E사의 열차정보안내시스템은 2008년 말 실제 운용에 들어갔고, 2009년 초에는 관련 신문기사가 나기도 했다. 신문기사에 따르면, E사의 열차정보안내 시스템은 단순히 광고뿐만 아니라 생활에 유용한 정보도 '방송' 한다고 한다. 여기서 지하철 TV라는 개념을 추출할 수 있다. 사실 'TV'란 말은 열차정보안내시스템보다 훨씬 이해하기 편한 개념이다. 열차정보안내시스템을 통해 광고를 하는 게 아니라 그 옆에 나란히 붙은 LCD화면을 통해서 하는 것인데도 E사는 열차정보안내시스템을 통한 광고임을 주장해 왔다. 하지만 그것은 이 시스템에 대한 독자의 이해를 방해하는 요소이기도 했다. TV란 개념을 도입하면 이 오해가 사라진다. 뿐만 아니라 TV라는 말은 이 시스템의 공신력을 높여주는 단어이기도 하다. 단순히 광고판이 아니라 광고도 하고 생활정보도 제공하는 'TV'라는 말이 보다 신뢰성 있게 다가가지 않겠는가. 실제로 E사는 자사의 열차정보안내시스템에 대해 지하철 TV를 의미하는 SUB-TV란 용어를 쓰기도 한다.

　고객사의 간부 입장에서는 어떤 회사가 그 시스템을 운용하는지는 중요하지 않다. 다만 그 회사가 믿을 만한 회사인지의 여부만 알면 된다. 그렇기 때문에 고객사 간부에게 보내는 제안문에는 E사를 강조할 필요가 없다. E사가 서울 메트로와 독점 계약해 15년간 열차정보안내시스템을 운영하는 회사라는 사실을 보여주면 그걸로 충분하다. 서울 메트로라는 거대 공기업의 권위를 차용하는 게 효과적이라는 얘기다.

고객의 입장에서 의문점 중의 하나는 하루 300만 명이 지하철 1, 3, 4호선을 이용한다는 사실은 알겠는데, 과연 그 사람들이 바쁜 와중에 한가하게 열차정보안내시스템의 동영상 광고를 지켜보고 있겠느냐 하는 점이다. 그러므로 고객사 간부에 대한 제안문에는 이 점에 대한 설명을 반드시 넣어 줘야 한다. 예를 들면, 지하철 승객이 지하철역에서 대기하는 시간이 평균 2분에서 10분 정도로 짧지만, 대기 시간이 짧기 때문에 오히려 다른 일을 하지 않고 승강장 천장에 설치된 열차착발정보안내판을 쳐다보게 돼 있다는 식의 설명이 들어가 주면 좋을 것이다.

그 밖의 사항들, 즉 광고료가 저렴하다든가, 지하철 승객 A씨가 하루 4번 지하철을 이용한다든가 하는 내용은 고객사의 간부 입장에서는 그리 중요치 않다. 모든 매체의 담당자들이 자신의 매체가 광고료는 싸고 효과는 좋은 최상의 매체라고 주장할 것이다. 따라서 저렴한 광고비, 정확한 광고 도달률 같은 내용은 최소화하는 편이 좋다.

이런 사항들을 고려해 E사의 제안서를 수정하고 각색해 메시지 라이팅을 해 봤다. 수정본에서는 SUB-TV라는 개념을 집중적으로 활용했다.

〈E사의 제안서를 각색한 메시지 라이팅 제시문 - After〉

SUB-TV의 매체 제안

□ 열차 착발(着發)정보와 동영상 TV가 결합된 새로운 미디어 장르

　SUB-TV는 Subway TV를 의미하는 말로, 지하철 역사 승강장 및 통로의 열차 착발著發 정보안내시스템에 병행 설치된 대형 LCD화면 단말기를 통해 공익성 정보와 뉴스 광고물 등을 혼합 편성해 방영하는 새로운 개념의 TV매체입니다.

　E사는 2008년 10월부터 서울 지하철 1,3,4호선에서 'SUB-TV' 상업 방송에 성공했으며 현재 YTN뉴스 속보와 자체제작 프로그램, 공익정보, 광고 등을 혼합 편성 방송하고 있습니다.

　E사는 서울지하철 1, 3, 4호선을 운영하는 서울메트로와 계약 하에 총 200억 원의 자금을 투입해 지하철 1, 3, 4호선 67개 역사에 1개 역사당 12개씩의 LCD모니터 TV단말기를 설치, 서울 메트로에 기부채납하고 향후 15년간 열차정보안내시스템과 SUB-TV를 병행한 시스템을 독점 운영하기로 한 업체입니다. 서울지하철 1, 3, 4 호선의 하루 이용객은 300만 명에 달하는 것으로 집계돼 있습니다.

SUB-TV의 특징

□ 수용자 강제 유인형 뉴미디어

지하철 승강장 천장의 열차 착발 정보판과 일체형으로 TV화면이 설치돼 있기 때문에 지하철을 이용하는 사람은 강제로 시청할 수밖에 없는 '수용자 강제 유인형' 매체입니다. 열차착발 정보(행선지 및 도착시각)를 보기 위해 고개를 드는 순간 자동으로 TV에 노출되는 방식이며, 지하철 승강장 내 어느 곳에서나 사각지대 없이 TV시청이 가능합니다. 지하철 승객의 승강장 내 대기시간은 2 ~ 10분 정도로 길지는 않지만, 오히려 그 때문에 TV를 집중적으로 시청하는 효과가 있습니다. 승강장 외에 역사 통로 곳곳에 TV단말기가 있어 보완 효과를 주고 있습니다.

□ 소비자 맞춤형 뉴미디어

최첨단 중앙통제시스템을 통해 서울 지하철 1, 3, 4호선 67개 역사 네트워크 단말기 전부에 동일한 컨텐츠를 방송하는 것도 가능하고 개별 역사마다 다른 컨텐츠를 방송하는 것도 가능한 소비자 맞춤형 매체입니다. 광고주의 입장에서는 특정 오디언스 층이 자주 이용하는 역사만을 선택해 광고를 집중적으로 진행할 수 있습니다. 예를 들면, 학원의 경우는 1호선 종각역에만 집중적으로 광고하는 등의 '타깃 존' 선택이 가능합니다.

이에 따라 광고비 집행도 탄력적으로 운용할 수 있습니다. SUB-TV의 경우에는 15초 광고물을 하루 최소 150회 이상 방송하는 것을 기준으로 1개월 광고비가 1개 역사(12개 스크린)당 최고 840만원에서 최저 360만원까지로 책정되어 있습니다. 기성매체에 비해 현격하게 저렴한 광고비로 타깃 존을 선택해 광고할 수 있습니다.

SUB-TV의 잠재력

단시간의 강렬한 메시지를 되풀이(하루 최소 150회 이상)해 송출하는 SUB-TV는 탁월한 감각적 호소력을 갖춤으로써 전통적인 콜드 매체인 신문은 물론, 정격 이미지를 중시하는 지상파 및 케이블 방송 등과도 차별화되는 신개념의 매체입니다. 특히 짧고 강렬한 영상 이미지 전달을 중시하는 감각적 홍보(또는 광고)에는 최상의 매체라고 할 수 있으며, 이 점에서 무한한 성장가능성을 갖고 있는 매체입니다.

E사가 만든 메시지 페인팅형 제안서, 그리고 단순히 이를 글로 옮겨 적은 아마추어의 라이팅에 비하면 많이 달라졌음을 느낄 수 있을 것이다. 무엇이 달라졌을까? 앞장에서 소개한 채점관에게 점수 따는 메시지 라이팅이나 비즈니스 메시지 라이팅이나 그 기본은 똑같다. 메시지 라이팅의 기본으로 돌아가서 위의 제시문을 점검해 보자.

– 네이밍(NAMING)이 필요하다

열차정보안내시스템에 붙여서 광고 동영상을 틀어준다는 사실을 설명하기가 복잡하다. 따라서 모두에게 간단하게 설명할 수 있는 한마디가 필요하다. 그것이 바로 네이밍이다. 글에 붙이는 제목도 네이밍의 일종이라고 할 수 있다. 내용을 포괄해서 설명할 수 있는 한마디는 일상의 용어에서 찾는 것이 가장 좋다. 그러나 만약 그것이 불가능하다면 그럴듯한 말을 만들어 내야 한다.

여기서는 SUB-TV란 말이 그에 해당한다. SUB-TV란 말을 처음 들으면 다들 '그게 뭐야' 라고 할지 모르지만 두 번째부터는 더 이상 설명을 할 필요가 없다. 하지만 열차정보안내시스템이란 말을 쓰면 두 번째, 세 번째도 계속해서 설명해야 한다.

– 단순화하라

한 달에 3,591,000번의 노출효과 CPM을 이용한 광고비 정량비교에 관한 설명 등은 이해하기가 쉽지 않다. 삼백 오십 몇만 번이란 숫자는 현실적으로 와 닿지 않고, CPM 등을 거론한 것은 작위적인 통계라는 느낌을 물씬 풍긴다. '당신이 우리 매체에 광고를 하면 그 광고는 하루 최소 150회 이상 방송됩니다. 그런데도 광고비는 1개 역사당 한 달 최고 840만 원밖에 하지 않습니다' 라는 한 줄이면 독자들은 내용을 충분히 이해한다. 이 제안서를 읽는 고객사 간부들은 어린아이들이 아니다. 그들은 현란한 문구에 현혹되지 않는다. 고객사 간부가 아닌 일반 독자(소비자)들도 요즘은 다들 전문가 수준이다. 어려운 숫자와 통계를 제시하며 고객의 이해를 강요하는 것은 결코 바람직하지 않다.

– 공감할 수 있는 사례를 들어 쉽게 설명하라

지하철을 이용하는 직장인 A씨가 하루 4번 지하철을 타는 것은 특수한 사례다. 대부분의 승객은 출퇴근 때 2차례 정도만 지하철을 탄다. 그런데 하루 4차례 이용하는 특수한 사례를 들어 이런 사람들의 귀와 눈을 SUB-TV에 붙잡아 놓을 수 있다고 주장하면 오히려 신뢰를 떨어뜨

리게 된다. 그것보다는 다음과 같은 식으로 얘기를 풀어가는 편이 자연스럽다. "지하철 승객들이 역에 머무는 시간이 짧다는 것은 인정합니다. 그러나 승객이라면 누구든지 다음 열차는 언제 오는지, 어디 행 열차인지를 확인하기 위해 승강장 천장에 설치된 열차착발정보안내시스템은 쳐다볼 것 아닙니까. 그것을 쳐다보는 순간 당연히 TV 모니터에 눈길이 머물게 돼 있습니다. 이렇게 시청자의 시선을 강제로 끌 수 있는 매체는 SUB-TV 외에는 없습니다. 공중파 TV 광고의 경우 시청자가 채널을 돌려 버리면 그만이지만 SUB-TV 시청자는 채널을 돌릴 수 없습니다."

2. 소비자의 NEED를 담는 메시지 라이팅

SUB-TV 개념을 도입한 수정본을 7명의 학생들에게 보여주고 이를 다시 한 번 수정해 보도록 했다. 단, 이번에는 지방자치단체장이나 공기업의 최고 간부, 기업주 등 제안서를 보는 대상을 특정해서 제안서를 쓰라고 주문했다. 물론, 지자체나 기업의 광고를 유치하기 위한 목적에서 쓰는 제안서이다. 하지만 대부분의 학생들이 제안서 첫머리에 "안녕하십니까. '아껴 놓은 땅' 정남진, 전남 장흥군 관계자 여러분."이라는 식으로 형식적으로만 소구대상을 특정했을 뿐, 실제 내용에선 별다른 변화를 주지 못했다. 소비자(여기서는 지자체장 혹은 기업주)의 NEED에 대한 연구가 전혀 없었다고 해도 과언이 아니다. 장흥군이 스스로 '아껴 놓은 땅'이라고 내세우고 있다는 사실을 연구한 정도가 고작이다.

오늘날 지자체장은 선거에 목을 매는 사람들이다. 어떻게 하면 차기 선거에 도움이 될 수 있을까 하는 것이 지자체장의 최대 관심사다. 그렇기 때문에 임기 동안 실적을 남기기 위해 노력하고, 그 실적을 홍보하는 데 힘을 쏟는다. 서울 등 대도시에서 이뤄지는 지방특산물 홍보도 그 내막을 들여다보면 사실은 지자체장 개인의 홍보인 경우가 적지 않다. 지자체의 광고를 유치하기 위해서는 지자체장들이 갖고 있는 그런 속성을 건드려줘야 한다. 선거에 도움이 될 수 있다는 내밀한 메시지가 들어 있어야 지자체장들은 비로소 움직인다. 예를 들어 제안서에 다음과 같은 항목을 하나 넣어 주면 좋다.

"왜 전남 장흥군을 서울 지하철에서 홍보해야 하는가 : 장흥발 서울행 고속버스가 하루에도 수십 대씩 오가는 강남 고속버스터미널. 버스에서 내려 서울 지하철 3호선 고속버스터미널 역사에 들어서는 순간, 장흥군민은 누구나 SUB-TV에서 방송되는 장흥군 홍보영상을 대하게 됩니다. 서울에서 접하는 고향 소식은 한결 관심이 갈 수밖에 없습니다. 군수의 모습도 새롭게 보입니다. 내 고장을 새로운 눈으로 인식하게 하는 힘, 이것이 SUB-TV의 매력입니다."

마찬가지로, 종로에서 A학원을 운영하는 사람에게 SUB-TV를 통한 광고를 제안한다고 할 경우는 "종로 1가 지하철역을 오가는 수많은 학생과 직장인이 A학원의 강의 모습을 동영상으로 접했을 때 느끼게 될 현실감은 남다를 수밖에 없습니다. A학원 앞의 지하철역에 국한해 최소의 비용으로 강력한 홍보 영상을 내보낼 유일한 매체가 바로 SUB-TV입니다."라는 식의 내용이 들어가야 한다.

다른 사례를 보자. 다음은 특정한 책을 신문서평 혹은 신간안내란에 소개해달라고 기자에게 부탁하기 위해 쓴 글이다. 대학생이 글쓰기 연습과제로 제출한 것이다. 그 학생이 홍보를 부탁하고 싶은 책은 곽세라의 『인생에 대한 예의』라는 책이다. 이런 글을 서평용 보도자료, 또는 신간안내 보도자료라고 한다. 출판사는 책을 내면 이런 보도자료를 만들어 언론사에 보낸다.

수많은 라이벌들과 앞 다투며 이루어 낸 자신의 꿈을 지켜나가겠노라 스스로와 약속했지만 오랜 시간이 흐른 뒤 돌아본 인생은 '빨리빨리'를 외치는 사회의 재촉에 맞추어 서둘러 앞만 보고 달렸던 자신의 지친 모습뿐이라면, 잠시 숨 고르며 이 책을 읽어보자. 세상에서 가장 활짝 웃는 여자라고 스스로를 소개하는 곽세라가 일상에 찌든 현대인들을 위해 스스로의 삶을 보살피고 아낄 수 있는 방법을 한 권의 책에

담았다. 이는 명문대를 졸업하고 카피라이터라는 그럴듯한 직업으로 활동하던 곽세라가 문득 자유로운 삶을 위해 본래의 삶을 벗어던지고 떠난 여행에서 만난 18명의 힐러(healer)들이 전하는 나지막한 이야기이다.

곽세라가 만난 영혼의 힐러들은 하고 싶은 일들을 '나중'으로 미루고 지금 이 시간을 긴장감, 스트레스, 불안감으로 무장하고 보낸 것에 대하여, 우리의 몸과 마음 그리고 영혼을 행복하게 하지 못한 것, 상처받게 한 것에 대하여 사과할 것을 권한다.

언제나 긴장 속에서 삶을 살아가는 사람들이 물속에서 모든 긴장을 풀 수 있도록 도와주는 아쿠아 테라피스트, 아무렇지도 않게 폭력적인 언어를 사용하는 우리에게 서로에게 상처주지 않는 대화 방법을 가르쳐주는 비폭력 대화리더, 언제나 '빨리빨리'를 외치며 긴박감 속에 살아가는 사람들에게 휴식하는 습관을 권하는 릴렉세이션 스페셜리스트. 직업 이름조차 생소한 이들의 힐링 테크닉은 세계적으로 인증되었고 많은 사람들이 그들을 통해 마음의 안식을 찾는다. 하지만 무엇보다도 그들의 치유 방식이 의미를 가지는 것은 그들 역시 자신의 뜻과는 다르게 흘러가는 삶을 살아본 경험이 있기 때문이다. 그들은 그 사실을 발견하고 치유를 통해 과거와는 달리 자신의 삶에서 행복과 안정감, 그리고 만족감을 찾았다. 그들의 치유는 지친 몸을 낫게 해줄 뿐만 아니라 일상에 찌들어버린, 웃음과 행복을 잃어버린 상처받은 마음과 영혼에도 긍정적인 에너지를 불어넣어주어 이제껏 스스로에게 상처 주었던 우리의 인생에 사과할 수 있는 기회를 만들어 주고 화해할 수 있게 한다.

이 책에서 곽세라는 18명의 힐러들의 이야기를 잔잔하게 써내려간다. 그녀는 스스로 강한 척, 그럴 듯한 척하며 힘든 삶에도 불구하고 스스로를 재촉하며 버텨온 많은 사람들의 삶 속엔 나약하고 여린 '나' 라는 아이가 울고 있다고 말한다. 또 답답한 일상의 숨통을 틔어주는 탁 트인 사진과 아름다운 글귀들과 함께 이렇게 속삭인다. 이제는 갖가지 핑계를 대며 스스로를 보살피는 일을 미루지 않고 자신이 원하는 곳에 자신을 내려놓아야 한다고, 무엇보다도 여리고 나약한 나와 나의 인생을 보듬어주고 아껴주어야 한다고.

문장은 그런대로 쓸 만하다고 하겠다. 그러나 이 메시지 라이팅은 보도자료로서는 문제투성이이다. 서평 보도자료의 독자는 신문사 문화부 기자이다. 그 독자에 대한 연구가 부족하다는 말이다. 문화부 기자가 서평(혹은 신간안내)을 쓰는 데 참고가 될 내용이 들어가야 한다. 보도자료가 서평은 아니라는 얘기다. 그러나 이 글은 그 자체가 서평이다. 물론 보도자료에는 이와 같은 서평도 들어가는 것이 좋다. 책의 전체 내용을 요약해서 평가하는 서평을 하나 소개해주는 것도 바쁜 기자들에게는 도움이 된다. 하지만 기자들에게 진짜로 필요한 것은 '팩트'이다. 책 내용에 대한 평가가 아니라, 책에 어떤 내용이 들어 있다는 사실을 소개해 주는 것이 우선이라는 말이다.

이 글에는 '일상에 찌든 현대인을 치유하는 18명의 힐러들의 얘기'라는 일반적인 설명만 있을 뿐이다. 어떤 힐러가 구체적으로 어떤 사람을 어떻게 치료해서 어떤 효과를 봤다는 등의 실제 사례가 하나도 없다. 기자들은 그런 팩트를 원한다. 실제로 신문에 실리는 서평을 보면 책의 구체적 내용을 인용해준 것들이 많다. 책에서 그런 구체적 사례들을 몇 개 뽑아 정리해 주면 기자들에게 도움이 될 것이다. 기자들은 매우 바쁘기 때문에 자기의 수고를 조금이라도 덜어주는 보도자료를 제공한 출판사에 대해 좀 더 호의를 갖게 된다.

비단 비즈니스 메시지 라이팅만 그런 것은 아니다. 어떤 글이든지 글쓰기는 그 글을 읽는 주 독자의 요구사항이 무엇일까 하는 점을 반드시 염두에 두고 써야 한다.

잘쓰기 전략

자신만의 관점을 가져라

글쓰기에서 가장 중요한 요소 중의 하나는 자신만의 관점(觀點)이라고 생각한다. 관점이 뚜렷해야 좋은 글을 쓸 수 있고, 관점이 뚜렷해야 지식을 빨리 습득할 수 있다. 억울하게 교통사고를 당하면 사람들은 할 말이 많아진다. 억울하다는 '관점'이 확실하기 때문에 그 억울함을 증명해 줄 정보들이 귀에 쏙쏙 들어온다.

'2008년 미국 발 금융위기와 신자유주의에 대해 논하라'라는 논제의 글을 쓴다고 해 보자. 신자유주의에 대한 자신의 관점이 있어야 그에 맞춰 지식을 조합해 가며 글을 완성할 수 있다. 신자유주의에 대한 관점이 있으면 신문에 나는 금융위기 관련 정보들을 보다 쉽게 머릿속에 정리할 수 있다.

물론 무조건 외우는 방법도 있다. 서브프라임 모기지, 파생상품, 글로벌 금융시장, 1997년 외환위기 이후 한국의 금융시장 개방, 레이거노믹스, 미국의 7,000억 달러 공적자금 투입, 한미간의 통화 스와프 등 복잡한 단어와 개념을 통째로 외우는 것이다. 미국 발 금융위기가 워낙 크고도 중요한 사건이었던 만큼, 관련 시험을 준비하는 사람이라면 누구나 이와 관련해 신문 스크랩을 해가며 허겁지겁 공부를 해두었을 것이다.

그리고 시험에서 해당 논제를 만나면 그동안 외운 것이 아까워서라도 미국 발 금융위기의 본질과 현상이 무엇인지, 신자유주의의 기원과 전개과정은 무엇인지 장황하게 나열하기 마련이다. 그러나 그렇게 나열된 지식들은 채 소화되지 않은, 섣부른 지식에 불과한 경우가 대부분이다.

이런 식으로 써서는 좋은 점수를 받을 수 없다. 나중에 사회에 진출해도 창의적인 인간이 되기 어렵다. 자신의 관점으로 사안을 분석하고 그것을 자기 방식으로 재종합하는 훈련을 해야 한다. 관점은 사물에 대해 회의해 보고 비판해 볼 때 비로소 생긴다. 필자는 학생들에게 비판 정신을 가지라고 권하고 싶다. 현상을 있는 그대로 받아들이기보다는 또 다른 이면은 없는지 따져 보고 궁리해 보는 습관을 기르면 글을 잘 쓰는 데 도움이 된다.

틀려도 좋다.
나만의 주견, 나만의 시각을 가져라.
관점이 뚜렷해야 좋은 글을 쓸 수 있다.
주장이 분명해야 좋은 메시지 라이팅이 된다.

자신을 세일즈하는
메시지 라이팅

― 자기소개서

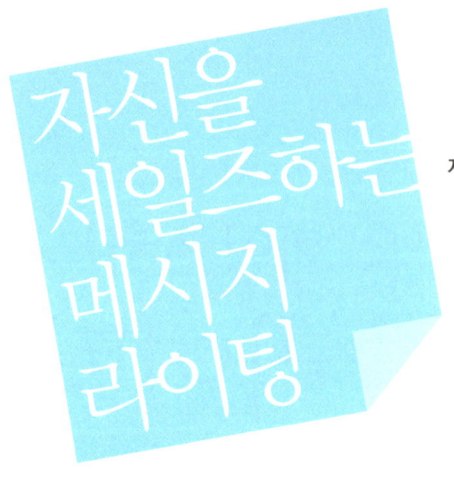

자신을 세일즈하는 메시지 라이팅
- 자기소개서

　스포츠 신문의 기자가 되겠다고 준비 중인 한 대학생이 쓴 자기소개를 본 적이 있다. 스포츠, 그 중에서도 야구를 무척 좋아해서 아마추어 야구단에서 활동하는 친구였다. 상당히 전략적으로 자기소개서를 썼다. 자신이 스포츠를 얼마나 좋아하는지 한참 설명한 뒤 입사 희망 신문사의 신문을 군대시절부터 구독하는 등 인연이 '깊다'는 점을 소개하고, 꼭 입사하고 싶다는 희망을 피력하는 것으로 결론을 맺었다.

　본인은 입사 희망 회사를 겨냥한, 맞춤형 자기소개서라며 만족해 할지 모르지만 이 자기소개서에는 몇 가지 문제점이 있다. 첫째, 자신이 세일즈 포인트라고 내세운 '스포츠에 대한 열정'이 과연 스포츠신문사 입장에서도 매력 있게 보일 것인가 하는 점에 대한 연구가 부족하다. 스포츠신문사이니 물론 스포츠에 대한 열정을 가진 사람을 선호할 수는 있다. 하지만 스포츠에 대한 열정이 절대적인 자질은 아니다. 기자는 스포츠를 하는 사람이 아니다. 열정보다는 취재를 잘하고, 글을 잘 쓰는 것이 더 중요한 평가기준이다. 신문사의 입장에서는 스포츠에 대한 열정이 없어도 기사 쓰기를 열심히 배우려는 사람이 오히려 더 바람직하다고 판단할 것이다. 신입사원이 스포츠 전문가인양 건방지게 굴면 그게 더 문제가 될 수 있다. 더구나 스포츠신문에는 스포츠 담당만 필요한 게 아니다. 대중문화·연예·사회 등을 담당하는 기자도 필요하다. 야구를 좋아하니 야구담당 기자를 시켜달라고 주장하는 사람보다는 어떤 부서로 발령을 내든 열심히 할 수 있는 사람이 더 좋게 보이기 마련이다. 둘째, 신문사와의 인연을 강조한 것도 자칫 '속 보이는 짓'으로 비칠 수 있다. 그 학생이 말한 신문사와의 인연이라는 게 군대시절부터 그 신문을 구독했다는 점, 짧은 독자 편지를 투고한 일이 한 번 있다는 점 정도에 불과하다. 이런 것들은 따지고 보면 뭐 대단한 인연이라고 할 것이 못 된다. 입사 희망자의 입장에서는 그런 인연도 특별할지 모르겠지만 신문사의 입장에서 보면 그 정도 인연을 맺은 사람은 수없이 많을 것이다. 크지도 않은 인연을 내세우며 '나를 뽑아 달라'고 하면 신문사에서는 얼마나 순수하게 받아들일지 의문이다.

　언제 어디서 태어났고, 엄한 부모에게 한때 반항도 했지만 근면과 성실이라는 삶의 기본을 배웠으며, 중고등학교 때는 공부를 열심히 하는 모범생이었고, 세계를 무대로 비즈니스를 하겠다는 포부를 안고 경영학과에 진학했다는 것과 같은 나열식 자기소개서는 금물이라는 것 정도는 이제 대부분의 취업준비생들이 간파하고 있다. 그래서 다들 전략적인 자기소개서를 쓰려고 노력한다. 그러나 문제는 어떤 전략을 짜느냐 하는 것이다. 앞의 스포츠신문 기자 지망생과 같은 전략으로 자기소개서를 쓰는 것은 오히려 역효과를 부르기 십상이다. 전략을 짜되, 전략적이지 않게 보여야 한다. 그러면서 자신의 특장을 강조하는 내용이 돼야 한다.

여기에서는 세 가지 전략을 권하고 싶다. 사실 이는 전략이라기보다는 당연한 상식이라고 해야 할 것들이다. 우선, 이력서와 성적증명서 등 다른 제출 서류에 표시되는 사항은 쓸 필요가 없다는 점이다. 어느 학교를 나왔는지, 공부는 얼마나 잘했는지, 영어 점수는 몇 점이나 되는지 등은 자기소개서에 쓸 필요가 없다. 영어 고득점을 위해 어떤 도전과 노력을 했다는 내용도 불필요하다. 그 노력의 결과는 수치화된 점수가 다 말해주기 때문이다.

둘째, 자신의 능력보다는 성격과 자질을 보여주는 자기소개서가 되도록 해야 한다. 기업의 입장에서 보면 입사 지망생의 능력은 필기시험이나 적성검사 면접시험 혹은 성적증명서 등 객관적인 데이터로 충분히 판단할 수 있다. 그러려고 시험을 보는 것이다. 그런 데이터보다는 자신이 가지고 있는 자질, 다시 말해 인내력이 있다든가, 조정자 역할을 잘 한다든가, 리더십이 있다든가, 보이지 않는 곳에서도 성실하게 일한다는 것과 같은 자신의 특성을 보여주는 내용이어야 한다. 여기서 자신이 지망하는 회사에서 자신이 과연 어떤 용도로 쓰일 수 있을까 하는 점에 대한 성찰을 할 필요가 있다. 자신의 배경으로 보건대 영업부에 적합하다면 그것을 목표로 하는 자기소개서를 써야 합격 가능성이 높아진다. 자신의 배경이나 적성은 영업부인데, 탑 관리자로서의 능력을 강조하는 자기소개서를 쓰면 좋은 점수를 받기 어렵다.

셋째, 자신을 최대한 객관적으로 소개해야 한다. 즉, '나는 리더십이 강한 인간이다'라고 직설적으로 주장하기보다는 '대학시절 동아리 회장을 지낸 일이 있다. 그때 마침 학생들 간에 작은 파벌 갈등으로 탈퇴자가 속출하는 등 어려운 시절이었다. 동아리 회원들을 일일이 만나 설득하고 집으로 초청해 단합시간을 갖는 등의 노력으로 임기 1년을 끝낼 때는 동아리 연합회 체육대회에서 축구 1등을 하는 등 단결된 동아리가 됐다'라는 식으로 객관적 상황을 기술해 주어야 한다. 이렇게 예화를 소개하는 방식으로 자기소개서를 작성하면 설득력도 높아지지만 글이 더 재미있어지므로 독자(인사 담당자)의 눈길을 끌기도 쉬울 것이다.

"그렇게 특기特記할 만한 경험이 없는 사람은 도대체 어떻게 하느냐?"라고 반문하는 사람이 있을지도 모르겠다. 그렇지 않다. 자신은 별 것 아닌 경험이라고 할지 모르지만 다른 사람이 보면 공감하고 인정할 수 있는 사례는 누구나 갖고 있다. 동아리 활동을 예로 들자면, '다들 1년 만에 공부해야 한다면서 그만 뒀지만 나는 졸업할 때까지 계속했다. 나는 두각을 나타내는 리더형은 아니었지만 표시 나지 않는 궂은 일을 마다하지 않는 타입이다. 나중에는 내가 없으면 동아리 모임이 제대로 이뤄지지 않을 정도가 됐다' 라는 '체험' 도 충분히 점수를 딸 만한 소재다. 기업에서는 흔한 말로 '잘난 사람' 만 필요로 하는 것은 아니다. 묵묵히 자기 일을 하면서 조직의 기초를 지탱해 줄 사람도 필요하다. 그렇기 때문에 '드러나지는 않지만 성실한 인간형' 이라는 특질도 충분히 소개할 가치가 있다.

스스로 자신을 돌아볼 때 '능력이 뛰어나지도 않고 리더십도 없고, 더욱이 성실하지도 않다' 고 생각하는가? 그런 사람은 어떤 조직에서도 필요로 하지 않는다. 요즘 같은 취업난이 심각한 시대에 아무 노력 없이 취업하길 바라는 것은 곧 '도둑놈 심보' 다. 이제부터라도 뭔가 한 가지는 몸에 익히도록 노력하라. 방학동안 신문배달도 해보고, 패스트 푸드

점에서 아르바이트도 해 보면서 자신을 세일즈할 수 있는 '기록'을 애써 만들어 보라. 반드시 자신이 노력하고 체험한 것을 바탕으로 자기소개서를 써야 한다. 거짓은 절대 금물이다. 거짓으로 쓴 글은 들키기도 쉽지만 무엇보다 호소력을 발휘하지 못한다.

 사례1-b e f o r e

    힘든 일이 있으면 무작정 걷는 버릇이 있습니다. 특히 아무도 없는 길을 따라 걷습니다. 걷는 동안, 내가 무엇을 고민하고 있는지, 내가 무엇을 어려워하고 있는지 차근차근 생각해봅니다. 그렇게 끊임없이 생각하는 동안, 높은 곳을 만나 숨이 가빠오기도 하고 다리에 힘이 풀려 잠시 앉아 갈 때도 있고, 주변 풍경에 잠시 눈을 돌릴 때도 있습니다.
    이렇게 세 시간을 걷고 나면, 생각도 제법 정리되고, 걸으면서 주위 풍경을 보고 느꼈던 것이 마음과 생각을 더욱 넓혀주기도 합니다. 걷는 시간을 돌아보면 꽤 지난한 시간이기도, 제법 지루하기도 하지만, 이런 것들을 모두 옆에 미뤄두고 계속 걷는 이유도 여기에 있습니다.
    삼수했던 시절이 있습니다. 그 시절은 제가 즐겨 걷는 시간과 잇닿아 있습니다. 남들이 보기엔 시간이 아쉽고, 노력이 아깝고, 지루한 시간들이라고 생각되지만, 전 그 시간들을 하루하루 버티고 계속해서 나아가는 것에서 끈기를 배웠습니다. 그리고 그 시간들은 허투루 허비되어지지 않고 끊임없이 생각하는 계기가 되어주었습니다. 그 시절, 저는 중심을 세운다는 것을 알았습니다.

  그 시기를 보내고 지금의 제가 있습니다. 삼수했던 시절, 무작정 걷는 버릇, 다 저를 설명하기 위해선 빼놓을 수 없는 것들입니다. 무엇이든지 오래 생각하고, 찬찬히 들여다보고, 그것으로부터 인내와 끈기를 배웠던 시간들. 그것들이 저의 대부분을 차지하고 있습니다. 어떤 어려운 일이든, 힘든 일이든, 버티고 이겨나갈 자신이 있습니다. 그 어려움 속에 단단히 중심을 세울 자신이 있습니다. 이것이 저인 거 같습니다.

 사례1-코멘트

  대학생이 입사지원 용도로 자기소개서를 써 본 것입니다. 이 대학생은 '너무 못 썼다'고 창피해했지만 실제로는 상당히 잘 쓴 글입니다. 이런 식으로 자신의 특징을 보여줄 수 있는 한 순간을 '핀포인트' 해서 자기소개서를 쓰는 게 좋습니다.

  다만, 좀 더 '드라이' 하게 즉, 감정을 배제해서 쓰는 편이 좋을 것 같군요. 자기소개서는 문학작품이나 일기를 쓰는 것과는 다릅니다. 문학적인 분위기나 자기 감상을 배제하고, 있는 사실을 가장 담백하게(담담하게) 썼을 때 그 글이 주는 감동은 오히려 문학적 필치로 쓴 글보다도 더 강합니다.

　삼수생 시절의 고민과 고통, 그리고 그것을 극복해 나가는 과정을 좀 더 구체적이고 사실적으로 쓸 필요가 있습니다. 그리고 그 체험이 대학시절에는 어떻게 연결됐으며 자신의 삶의 철학에 어떤 영향을 미쳤는지에 대한 설명도 필요합니다. 어려움 속에서도 단단히 자기중심을 잡을 수 있는 사람이 됐다는 사실을 넘어, 그런 자신의 특징이 회사의 입장에서도 유용하게 활용될 수 있는 자질이라는 점을 어필하는 내용이 필요하다는 것입니다.

　후반부를 조금 보강해 다음과 같이 수정해 봤습니다. 이 내용 외에, 삼수생 시절의 경험을 대학시절에는 어떻게 살렸고, 무슨 노력을 했는지도 추가해줘야 합니다. 글의 한 부분에서는 자신의 가정환경과 성장과정을 한 줄 정도 넣어주는 것도 좋습니다.

사례1-after

　저는 힘든 일이 있으면 무작정 걷는 버릇이 있습니다.
　주로 아무도 없는 길을 걷습니다. 걷는 동안 내가 힘들게 된 원인은 무엇인지, 내가 무엇이 부족했는지, 내가 무엇을 해야 덜 힘들게 될지 차근차근 생각합니다. 생각에만 골몰하는 것은 아닙니다. 오르막길을 만나 숨이 가빠지기도 하고 다리에 힘이 풀려 잠시 앉아 쉬기도 하고, 때로는 주변 풍경에 잠시 눈을 돌릴 때도 있습니다.

이렇게 서너 시간을 걷고 사색하다 보면 생각이 제법 정리됩니다. 육체의 피로가 마음의 고민을 싹 잊게 하기도 하고, 펼쳐지는 경관이 생각의 폭을 넓혀주기도 합니다. 시간이 꽤 걸리고, 지루하기도 하지만 제가 이따금씩 홀로 걷기를 즐기는 이유가 바로 여기에 있습니다.

홀로 걷기의 이런 묘미를 처음 깨달은 때는 대학입시에 연거푸 실패해 삼수하던 시절입니다. 젊은 시절 고생은 사서도 한다고 흔히 말들 하지만 삼수는 쉬운 일은 아닙니다. 삼수는 하지 않아도 되는, 고생이라고 내세울 수도 없는 고생이기에 더욱 힘든 점이 있습니다. 집이 가난해 진학 대신 직업전선에 나선 젊은이의 고생은 떳떳하고 의미 있는 것으로 평가받습니다만 삼수생의 고생은 공연한 시간낭비로 여겨지기 십상입니다. 저도 그렇게 생각합니다. 삼수는 어느 모로 보나 결코 자랑스러운 일이 아닙니다.

하지만 지나고 나서 생각해보면, 저에게 삼수생 시절은 결코 시간 낭비가 아니었습니다. 전 그 시절 하루하루 버티고 계속해서 나아가는 끈기를 배웠습니다. 끊임없이 무의미한 시간낭비가 아니냐는 자책과 자문을 하는 그 시간은 삼수하지 않은 사람들은 체험하지 못한 시간일 것입니다. 그런 시간을 보내면서 저는 모든 주어진 환경은 의미 있고 가치 있는 것이라는, 저 나름대로의 해답을 도출했습니다. 그리고 스스로 채찍질하면서 꾸준히 길을 걸어갈 수 있었습니다. 고민하는 시간이 많았던 만큼 인간적으로 성숙할 수 있었다고 생각합니다.

  주변의 바람에 흔들리는 것 같지만 결국은 자기중심을 잡고 일어섰던 20살 전후의 경험이 저를 어디서든 잘 적응하는 인간으로 만들었다고 생각합니다. 앞으로도 마찬가지입니다. 어디에 가든, 어떤 일이든 버티고 이겨나갈 자신이 있습니다.

 사례2-before

  사람은 누구에게나 자신의 지난 삶을 돌아봤을 때, 특별히 기억에 남는 순간이 있기 마련입니다. 저의 경우, 고등학생 시절은 저의 존재를 한 단계 더 업그레이드 해주는 시간이었다고 생각합니다. 특히 고등학교 재학기간동안 활동했던 동아리에서의 소중한 경험은 잊을 수 없는 추억이 되었고, 제가 성취감을 크게 느낄 수 있었던 시간들이었습니다.

  고등학교에 입학하면서 저는 걸스카웃 동아리에 가입했습니다. 동아리 활동을 했던 기간 동안, 평소에 해보지 못했던 것들을 많이 경험할 수 있었습니다. 각양각색의 개성을 가진 아이들과 봉사활동, 축제 같은 활동을 하면서 작은 사회를 느낄 수 있었습니다.

  저는 동아리 안에서 단장과 부단장을 도와 총무 일을 맡았는데, 처음엔 총무라는 이름에 부담도 되고 과연 내가 잘할 수 있을지 하는 의문도 생겼습니다. 그래도 내가 동아리에 피해를 끼쳐서는 안 된다는 생각에 처음 해보는 일이었지만 꼼꼼하게 실수 없이 하고자 노력했습니다. 이런 상황에서 저의 좌우명이자 제가 좋아하는 책의 한 구절은 큰 힘이 되었습니다. 바로 책 '죽은 시인의 사회'에 나오는 "Carpe diem!"이라는 구절이었습니다. '현재를 즐겨라, 현재에 충실하라'는 이 말을 떠올리면서 주어진 일을 억지로 하기보다는 즐거운 마음으로 하려고 노력했습니다.

제가 맡았던 총무는 동아리를 대표하는 인물은 아닙니다.

그러나 예를 들어 회비를 걷는다고 할 경우, 동아리에 속한 아이들을 한명, 한명 모두 대하게 되면서 조직의 이모저모를 다 파악하게 됩니다.

동아리 행사 중 특히 1학년 후배들을 이끌고 준비했던 2학년 축제는 잊을 수 없는 추억입니다. 당시 각 동아리마다 한 교실이 주어지고 이 공간을 동아리별로 특색 있게 활용하는 것이 목표였습니다. 처음엔 무엇을 할지 막막하기도 했고 아이들과 서로 의견을 모으고 준비하는 과정이 쉽지만은 않았습니다. 아무것도 없는 백지 상태에서 무엇을 할 지 계획하고, 축제에 쓰일 물품 섭외를 위해 직접 이리저리 발로 뛰었던 경험 등은 지금 생각하면 참 뿌듯하고 값진 경험이었습니다. 이 과정에서 몇몇 아이들의 의견 충돌이 생길 때면, 각각의 아이들 특성을 잘 알고 있는 제가 중간에서 의견을 조율해 주었습니다.

　작은 동아리 안에서의 활동이었지만 그때의 경험을 통해 내가 맡은 일에 대한 책임감을 키울 수 있었고, 다양한 사람들과 공동목표를 추진할 때 조화롭게 어울리는 법을 배웠습니다. 또 당시에 총무일을 하면서 내가 하는 일이 동아리에 보탬이 되는 것을 보면서 뿌듯함을 느껴 더욱 열심히 하려고 노력했던 기억이 납니다.

　대학교에 진학하니, 공부도 혼자만 하는 것이 아니라 팀별과제를 하는 등 다른 학생들과 함께 교류하는 과정이 많았습니다. 이런 상황에서 고등학생 때 배웠던 책임감과 조화능력은 지금도 큰 도움이 되고 있습니다.

　이제 저는 제가 동아리에서, 또 대학생활로 이어지는 경험에서 배웠던 위와 같은 것들을 바탕으로 또 다른 성취감을 얻고 싶습니다. 저의 열망에 열정으로 보답하고 싶습니다.

사례2-코 멘 트

원래 이 학생은 다음과 같이 시작하는 내용으로 자기소개서를 썼습니다.
　"Carpe diem!" 책 '죽은 시인의 사회'에서 키팅 선생은 이렇게 말합니다. 라틴어인 이 말의 뜻은 '현재를 즐겨라, 현재에 충실하라'입니다. 중학생 때 책에서 읽었던 저 한 구절의 말은 현재까지도 제가 항상 옆에 두고 생각하는 말이 되었습니다.

  이 첫 구절이 좋게 받아들여질 수도 있지만 너무 문학적인 멋을 부린듯한 느낌도 들고 '현재를 즐겨라'라는 구절이 자칫 엉뚱하게 해석될 수도 있다는 생각이 들어 고쳐 써 보도록 한 것이 이 글입니다. 입사 지원자들의 자기소개서를 몇 번 읽어 본 적이 있습니다. 다분히 개인적인 생각일 수도 있지만, 문학적으로 멋을 부리며 쓴 자기소개서는 그다지 알맹이가 없다는 느낌이 들었습니다. 아름다운 문장이 처음부터 끝까지 이어지면 좋은데 대부분은 견강부회(이치에 맞지 않는 말을 억지로 끌어 붙이는 것)로 멋있는 문구를 끌어다 붙이기도 하고 어법이 틀리기도 합니다. 결론적으로 평범하고 진솔하게 자신을 소개한 내용이 오히려 더 낫습니다.

  1차 지적을 받고 나니 그런대로 괜찮은 자기소개서로 바뀐 것이 사실이지만, 조금 다른 각도에서 다시 한 번 수정해 봤습니다. '사람은 누구에게나 자신의 지난 삶을 돌아봤을 때…'로 시작되는 리드 부분이 아무래도 마음에 걸렸기 때문입니다. 곧바로 본론에 들어가도 될 것을 공연히 뜸을 들인다는 느낌을 줍니다. 자기소개서를 읽는 회사 인사담당자들은 매우 바쁜 사람들입니다. 여러 사람의 글을 읽어야 하니까요. 정말 눈에 띄는 리드가 아니라면 바로 본론으로 들어가는 편이 인사담당자들을 기쁘게 해 주는 길입니다.

  다음은 수정해 본 것입니다. 물론 이는 완성판은 아닙니다. 대학 때는 자신의 특성을 어떻게 살려왔으며, 사회인이 되기 위해 무슨 노력을 했는지 등의 내용이 추가돼야 할 것입니다.

 사례2-after

　저는 고등학교 시절 모임의 총무總務를 담당한 경험이 있습니다. 회원 연락사항을 챙기고 회비거출 등의 일을 담당하는, 어느 모임에나 있는 그런 총무 말입니다.
　학교 걸스카우트 동아리 선배들이 총무를 하라고 하기에 얼떨결에 맡기는 맡았지만 처음엔 총무가 무슨 일을 하는지도 몰랐습니다. 다만, 단장과 부단장을 도와 모임을 잘 이끌어가는 책무를 지는 '지도부'의 일원이라고 하기에 그런 '중책'을 잘 해낼 수 있을까 하는 막연한 부담감이 있었을 뿐입니다.
　그러나 실제 총무 일은 지도부라기보다는 궂은일을 도맡아야 하는 심부름꾼에 가까웠습니다. 회비 걷고 행사 준비 총괄하고 하는 잡무가 산더미 같았습니다. 중책은 중책이되, 빛은 나지 않고 일은 많은 그런 역할이었던 것입니다. 하지만 저는 기왕 책임을 맡은 이상 동아리에 폐를 끼치는 일은 없어야겠다는 생각으로 매사를 꼼꼼하게, 실수 없이 처리하려 노력했습니다.
　저의 좌우명이자 제가 좋아하는 책의 한 구절이 제게는 큰 힘이 되었습니다. 『죽은 시인의 사회』에 나오는 'Carpe diem!'이라는 구절이었습니다. '현재를 즐겨라, 현재에 충실하라'는 이 말을 떠올리면서 주어진 일을 억지로 하기보다는 즐거운 마음으로 해나갔습니다.

　총무로서 모임 날짜를 통보하고 회비를 걷는 등의 일을 하다 보면 동아리의 구성원을 한 명 한 명 모두 직접 대하게 되고, 조직의 이모저모를 다 파악하게 됩니다. 그러다 보니 총무는 실질적으로 모임의 주축 역할을 하게 됩니다.

　2학년 당시 1학년 후배들을 이끌고 참여했던 동아리 축제 때 총무의 중요성을 체감했습니다. 무엇을 해야 할지 막막한 상황에서 프로그램을 짜고 그에 맞는 인원과 물품을 섭외하고, 무대를 꾸미기 위해 동아리 인원을 동원하고 하는 과정 전체를 통틀어 이리저리 열심히 뛰어다녔습니다. 이 과정에서 동아리 회원들 간에 의견 충돌이 생길 때면 구성원 각각의 특성을 잘 알고 있는 제가 중간에서 의견을 조율했습니다. 지금 생각해도 내가 어떻게 그런 일을 해낼 수 있었을까 하는 자부심이 벅차오를 정도로 소중한 경험이었습니다.

　작은 동아리 안에서의 활동이었지만 그 체험을 통해 일에 대한 책임감을 키울 수 있었고, 다양한 사람들과 공동목표를 추진할 때 조화롭게 어울리는 방법을 배웠습니다. 또 내가 노력하는 만큼 동아리 전체가 목표를 향해 나아가게 되는 모습을 보면서 성취감을 느끼기도 했습니다.

글쓰기 실전

앞의 Before 예문 중에서 하나를 골라
스스로 After 제시문을 써 보세요.
쓴 뒤에 SAG 평가시트 각각의 항목에
맞는 글을 썼는지 점검해 보세요.

before를 나만의 after로

before를 나만의 after로

before를 나만의 after로

before를 나만의 after로

before를 나만의 after로

before를 나만의 after로

글쓰기 SAG 항목별 평가시트

자신의 글이 각 항목에 맞게 쓰여졌는지의 여부를 확인해 보세요.

			O	X
분석	분석	주제와 관련되는 사항의 일부가 아니라 전체를 분석했다.	☐	☐
		주제와 관련되는 사안의 개념과 의미, 그리고 관련 용어를 정확하게 구분했다.	☐	☐
		사안을 동일한 잣대, 동일한 크기로 분류함으로써 각 사안들끼리 비교가 가능하게 했다.	☐	☐
종합	구성	주제(문제 의식)가 명료하고 정확하게 설정됐다.	☐	☐
		적절한 예시를 들며 수미일관(首尾一貫)하게 구분했다.	☐	☐
		글이 주제와는 그다지 상관없는 곁가지 얘기가 없다.	☐	☐
	객관화	글의 주장이나 예시가 제3자가 봐도 납득할 수 있으며 보편타당하다.	☐	☐
		필자는 알지만 독자는 모르는(이해할 수 없는) 내용이 포함되지 않았다.	☐	☐
		누구나 다 아는 내용을 자신만 아는 듯이 강조한 부분이 없다.	☐	☐
	가감	간단하게 압축할 수 있는 내용을 장황하게 설명한 부분이 없다.	☐	☐
		논지 전개와 관련이 없거나 불필요한 부분이 포함되지 않았다.	☐	☐
		논지 전개에 필요한 핵심 대목을 빠뜨리지 않았다.	☐	☐
어법	어법	맞춤법에 오류가 없다.	☐	☐
		문장의 주어와 술어가 일치한다.	☐	☐
		문장에 동어반복이 없다.	☐	☐
		다른 내용을 한 문장 안에 무리하게 집어넣어 만연체를 만들지 않았다.	☐	☐

초판 1쇄 인쇄 2010년 1월 15일
초판 1쇄 발행 2010년 1월 21일

지은이   윤승모
펴낸이   김혜숭
편 집   이지연
디자인   김경옥

펴낸곳   따뜻한손
등 록   제13-1345호(2002.12.7)
주 소   서울특별시 용산구 후암동 358-188 대원빌딩 신관 1층
전 화   02-574-1114 02-762-5114
팩 스   02-761-8888
블로그   www.humandom.com

이 책의 저작권은 저작권자에게 있습니다.
저작권자의 허락 없이 사진과 글을 인용하거나 발췌할 수 없습니다.

*잘못된 책은 바꿔 드립니다.
 가격은 뒤표지에 명시되어 있습니다.

한국어판ⓒ 따뜻한손, Humandom Corp. 2009. Printed in Seoul, Korea
ISBN 978-89-91274-48-8